中国并购

2017

产业整合的中国动力

（2017 年版）

中国并购公会 编著

尉立东 柏亮 董贵昕 等 执笔

首都经济贸易大学出版社

Capital University of Economics and Business Press

·北京·

图书在版编目（CIP）数据

产业整合的中国动力：2017年版/中国并购公会编著 . —北京：首都经济贸易大学出版社，2017.1

ISBN 978 - 7 - 5638 - 2594 - 3

Ⅰ.①产… Ⅱ.①中… Ⅲ.①产业调整—研究—中国 ②企业合并—研究—中国 Ⅳ.①F121.3 ②F279.21

中国版本图书馆 CIP 数据核字（2016）第 281263 号

产业整合的中国动力（2017 年版）

中国并购公会 编著

Chanye Zhenghe De Zhongguo Dongli

责任编辑	薛晓红
封面设计	**风得信·阿东** FondesyDesign
出版发行	首都经济贸易大学出版社
地　　址	北京市朝阳区红庙（邮编100026）
电　　话	(010) 65976483　65065761　65071505（传真）
网　　址	http：//www. sjmcb. com
E - mail	publish@cueb. edu. cn
经　　销	全国新华书店
照　　排	北京砚祥志远激光照排技术有限公司
印　　刷	人民日报印刷厂
开　　本	710 毫米×1000 毫米　1/16
字　　数	290 千字
印　　张	16.5
版　　次	2017 年 1 月第 1 版　2017 年 9 月第 1 版第 3 次印刷
书　　号	ISBN 978 - 7 - 5638 - 2594 - 3/F·1446
定　　价	45.00 元

编写说明

本书是在《2015：产业整合的中国动力》的基础上修订而成。本次修订由中国并购公会创始会长王巍先生主持，中国并购公会会长尉立东和中国并购公会秘书长董贵昕负责组稿、编辑修订。

近年来中国并购市场的快速发展呈现新趋势，中国正面临着全球并购机遇，本次修订除了对第一版的相关并购数据进行了更新外，主要增加了以下几部分内容：第一部分增加了第三章"中国产业整合的总体特征与趋势"；第二部分增加了第八章"供给侧改革中的并购机会"和第九章"一带一路与海外并购"；第三部分增加了第二章"'上市公司＋PE'模式并购基金解读"；增加了第四部分"并购专项奖获奖并购案例精选"以及附件内容。本书的编写和修订得到了监管部门研究者、并购行业从业者和研究者、细分行业专家和资深财经记者的大力支持，全书结构丰富、内容丰满、观点新颖，具有较强的理论性和实务性。

本书各章节的编写分工如下：

第一部分，产业整合简史，由袁渊完成，刘涛参与修订。

第二部分，产业并购机会，由多位作者完成，包括李耀东、刘佳、涂俊、易善策、曾令尉、孙红娟，刘涛参与修订。

第三部分，产业并购平台与工具，由多位作者联合完成，包括尉立东、董贵昕、华金秋、张凤、孙慧娟、张宇识，刘涛、孙慧娟参与修订。

第四部分，并购专项奖获奖并购案例精选，由董贵昕、仵沛志完成。

此外，华金秋、张凤完成了第一版的相关并购数据更新，中国并购公会和中国金融博物馆提供了本书附录内容。

衷心感谢这些作者卓越的专业见解和真诚的付出！感谢相关单位的大力支持！

编者简介

王巍，中国并购公会创始会长，万盟并购集团董事长、中国金融博物馆理事长。曾任职多家境内外金融机构，直接组织了中国几十家大型企业的改制、重组、承销及并购业务；在创新金融工具、企业重组和产业整合等领域经验丰富。长期担任政府经济顾问，是上市公司和金融机构的独立董事。

尉立东，中国并购公会会长，尚融资本管理合伙人、总裁，中国并购公会并购基金专业委员会主任，清华大学工学学士、全国金融系统业务创新能手。先后在新天域资本、Unicredit Group、中国华融资产管理公司等单位任职。拥有丰富的股权投资、资产管理工作经验，负责和参与了多个项目的股权投资和投后管理；负责和参与华融不良资产管理和处置操作规程的起草，不良资产处置计划及考核，不良资产境外出资方式处置，国际招标处置，银行改制过程中可疑类贷款尽职调查及投标、接收和处置，债转股股权资产管理和处置，德隆系资产的托管和处置等。

柏亮，零壹财经 CEO。毕业于中央财经大学金融学院，2010 年任第一财经日报北京财经中心主任，2011 年参与创建"中国融资租赁三十人论坛"并任秘书长，2012 年创办第一财经新金融研究中心，2013 年底创办零壹财经。主编的"零壹财经书系：互联网金融＋"已成为互联网金融领域最权威的系列出版物，包括《互联网金融：框架与实践》、《中国 P2P 借贷服务行业白皮书》(2013，2014)、《众筹服务行业白皮书 (2014)》、《比特币》、《互联网金融＋》、《P2P 借贷投资人手册》等。

董贵昕，中国并购公会秘书长，高级经济师，北京师范大学兼职硕士导师，东北财经大学经济学博士，中国人民大学金融学博士后，曾公派美国纽约州立大学学习。先后在北京市国通资产管理有限责任公司、中国华融资产管理公司等单位任职。拥有丰富的股权投资、投资银行和资产管理工作经验，负责完成多个股权投资和投后管理项目、多家企业的改制重组和辅导上市、数十个夹层资本投资项目、数百亿不良资产的收购和处置工作。完成国家、省部级课题4项，出版经济管理专著多部，公开发表论文20余篇。

作者简介

（按照章节顺序排列）：

袁渊，博士，2012年6月至今在中国证监会工作，主要从事上市公司并购重组、资产管理行业创新、互联网金融、资产证券化、宏观经济等领域的研究。曾荣获2012年上海市优秀博士称号和2013年中国证监会优秀论文奖；曾参与中财办、国务院研究室、人民银行、证监会等部门的十余项研究课题；曾在美国华盛顿大学学习两年，并荣获清华大学金融学博士后和上海财经大学会计学博士；加入中国证监会之前曾在香港城市大学工作。

李耀东，零壹财经合伙人，研究总监，工学博士。主要从事互联网金融研究，著作有《互联网金融：框架与实践》、《比特币》、《中国P2P借贷服务行业白皮书》（2014）、《众筹服务行业白皮书》（2014）等书。

刘佳，《第一财经日报》记者，多年以来长期观察和研究TMT（Technology，Media，Telecom）领域，融合科技与财经的多元视角，深入报道TMT产业的变化、TMT领域的商业故事等。

涂俊，管理学博士，高级经济师，CFA。现供职于中建投租赁有限责任公司。先后在国内外期刊、报纸、国际会议上公开发表文章20余篇，合著有4本经济管理类书籍。主要研究领域：宏观经济和金融、战略管理、技术创新、行业分析等。

易善策，2011年毕业于武汉大学产业经济学专业，获得经济学博士学位。现就职于中国建银投资有限责任公司，目前已公开发表相关研究文章30余篇。

曾令蔚，北京领优资本投资管理有限公司合伙人，从事投资行业近十五年，先后在德隆国际、清华控股等投资机构从事产业投资和并购重组工作。作为北京领优资本投资管理有限公司的创始合伙人，以私募股权基金的形式主导完成对深圳创维数字技术有限公司等多个项目的成功投资，在产业投资、私募股权投资领域积累了丰富的经验。

孙红娟，《第一财经日报》资深记者，长期从事国际国内金融领域的跟踪报道。

华金秋，会计学博士，应用经济学博士后，研究方向为财务与审计。现为深圳大学经济学院副教授，公开发表论文 30 余篇，主持教育部人文社科项目 1 项，作为主研人员参与国家、省部级课题 7 项，出版专著 1 部，曾获四川省人民政府第十二次哲学社会科学成果奖三等奖一项。

张凤，惠农资本职员，深圳大学会计学在读硕士研究生，研究领域为企业投融资。

孙慧娟，海问律师事务所北京办公室高级律师，中国政法大学法学学士、对外经济贸易大学法学硕士，主要从事争议解决和一般公司业务。

张宇识，海问律师事务所北京办公室律师助理，北京大学法学学士、经济学学士和法学硕士，主要从事争议解决、收购兼并、一般公司业务。

刘涛，四川大学商学院博士，中国保监会博士后，曾先后供职于青岛市保税港区管委、大公国际信用评级有限公司和中国保监会政策研究室，研究专长主要在企业并购、保险资金运营管理、保险业服务供给侧结构性改革等。

仵沛志，中国人民大学财政金融学院博士。

2017：产业整合的全球机遇

两年前，中国并购公会在香港举办年会，我们出版了一本旨在推动中国产业整合的专著。真是日新月异，产业整合已经不再局限于中国本土了，中国成为全球经济的成长引擎，中国的海外投资已经超过吸收海外投资，中国企业已经在欧美和各个大陆攻城略地，收购资产和企业。中国的并购交易成为全球资本市场的晴雨表。更重要的是，在互联网平台上，中国年轻一代的创业者们已经成为第一梯队，开始建立全新的商业与市场格局。仅仅两年里，全新的视野已经展开，并购与产业整合者的战略思考必须再次升级：

第一，一带一路的全球天际线。全球主流经济结构与市场体系经历了2008年次贷危机的洗礼，中国经济全球化也开始探索新路径。在非市场价值和国家风险的全新区域，中国企业海外并购的战略与操作面临巨大的挑战。

第二，供给侧改革的中国新取向。在消费者主导的过剩经济体系中，重新启动政府力量和国有企业的功能，调控供给要素与供求结构，这相当于方向不同的又一次改革与开放。

第三，金融科技和区块链成为前沿。传统银行与资本体系仍然庞大，但互联网革命的力量将引导主流。上一代管理者与企业家的自我修复能力远远不敌新一代创业者的突破与颠覆。

第四，教育、健康医疗与养老成为资本焦点。公民社会的消费与幸福体验将取代管理者的经济顶层设计，富裕社会的提前到来迫使全体系的资本结构面临再造。软资产与服务经济奠定竞争基础。

进步产生更多挑战。应对挑战不是依靠设计，而是靠无数的社会实践。并购与产业整合的过程就是千百万操作者实践的过程。中国

1

并购公会的同仁们始终充满信心地关注、参与并推动面向文明进步的挑战。

中国并购公会　王巍

2016. 10. 23

2015 年版前言

大约是 2006 年，中国并购公会将当年的"十大并购人物"中的几位请到年会上。摩托罗拉的中国区董事长赞助了年会几十部手机，希望能在主桌上与获奖的中国移动董事长王建宙先生坐在一起。但中国移动方面建议不要与相关供应商离得太近，我便将这个老外放在同时获奖的马云一旁。不料，这个老外非常不高兴，坚持要求换个位置，认为将阿里巴巴公司排在当时如日中天的摩托罗拉旁边是个"insult"（侮辱）。不到十年的时间，阿里巴巴市值已经大大超过了中国移动，而摩托罗拉几乎被人遗忘了。

阿里巴巴是一个创新的故事，也是一个并购的故事，更是一个全新的商业生态颠覆和整合传统产业的故事。能够在 10 年前看到今天阿里巴巴全景的人寥寥无几，即便马云自己也难以想象。技术革命和创新就是这样突如其来、势不可挡地洗涤我们熟悉的一切，用新规则来取代传统，甚至如当年经济学家许小年所言，要推倒重来。我们今天就站在这个产业整合的前沿上，问题是谁来整合，整合什么，如何整合？

现在，所有人都在主张并购和产业整合是当下最重要的资本市场动力，连北京秀水街市场和三里屯酒吧都在研究整合战略，这是新时代的强音，也是旧时代的思维烙印。毕竟，目前活跃在资本市场的领导者们都是从少年就沉浸在步调一致、你死我活和万众一心之类的意识形态环境中，他们有做大、做强、成王败寇的原始精神。这些雄心勃勃的整合者是习惯性地以自我认知为中心的。

当企业并购从非法集资或破坏秩序之类的污名中被解脱出来，成为政府调整经济结构的重要手段后，产业整合就成为各方势力博弈的战场。国有企业要巩固战略优势也就是垄断地位，民营企业要抱团取暖农村包围城

1

市，外资企业要维护滩头阵地，步步蚕食新兴市场，都要打起产业整合的大旗鸣锣开道。这些意气风发的整合者功利性强烈而且战略坚定。

产业整合从历史轨迹上看，自然是大势所趋。笔者 20 年前推动水泥企业重组上市时，全国有 20 000 多家有头有脸的水泥厂。现在还有 3 000 多个水泥品牌，预计 10 年后不会超过 50 个，这就是横向的产业整合。同样，曾经有上百万家不同规格不同产品的汽车配件公司分布在天南海北，现在大体上只有几万家生产标准部件的公司集中为几十个知名品牌汽车集团服务，形成竞争却彼此依存的生态集群，这就是纵向的产业整合。

以资本、品牌和技术为价值链的不同领域、不同企业、不同区域、不同阶段的各种产业整合已经异军突起，令人眼花缭乱。来自各种角度的切入和退出，来自监管规则、技术革命和消费者品位等改变引起的产业整合更是层出不穷，一地鸡毛。不过，产业整合的历史并不能告诉我们到底什么是真正的主导因素，尽管它给出了一系列重要的变量，而每个变量都可以写出几部主导产业整合的教科书来。

随意翻检几部经济史，我们就了解到许多重要的事实。拥有丰厚资本，垄断地位，一流技术，优秀人才，科学管理，市场资源，政府保护等所有优势变量都不能保证产业整合的成功，因此，柯达、摩托罗拉、诺基亚和索尼等日薄西山。同样，阿里巴巴、百度、腾讯、京东等可以后来居上。成功后，你可以寻找到无数伟大的成功理由，但成功前，你可能面对的是一团乱麻和一片狐疑与指责。

不仅创新企业如此，中国经济的发展也同样耐人寻味。30 年时间，中国经济在一片质疑声中崛起成为全球第一大国（仅指 GDP 而言）。经济史学家和制度学者会给出各种解释和判断，这是他们的职业，但创业者和企业家则更关注和期待由中国启动的全球产业整合时代的到来。毫无疑问，今天中国的产业整合就是全球的产业整合的一个部分，全球化就在中国市场实现。

我们需要更加广阔的视野来观察中国的产业整合，也需要更为宽容和积极的态度把握所有市场变量来启动面向全球的整合。以笔者的看法，有这样几个要素值得思考：

第一，全球并购的心态。过去中国企业海外收购是以中国需求为中心的资产收购，无论是资源、技术、网络和品牌等，都是根据在中国市场的供求关系和产业提升来考量的，甚至出现了许多在欧美买来企业便立刻拆卸，原装打包回国，再组装起来的海外并购项目。近年来则大有不同，更多的企业在海外收购就在原地扎根经营，变成企业全球资产配置的项目。一个重要原因是，中国市场和制度未能给企业家带来安全感和长期增长空间。许多中小企业不惜放弃在中国市场的营利机会而将资产转移到海外固定资产上，安全比营利更要紧。当然，更为积极的海外成长应该是未来的方向。

第二，第二代企业家的偏好。经过30年的"野蛮增长"，中国企业家从一穷二白到拥有巨大财富，大量中产阶级形成，企业的生态环境更加丰富多彩，营利不再成为单一目标。特别是第二代企业家迅速接替前辈，他们的海外教育背景使得经营和投资的选择多元化和大幅升华。环保、人文和社会责任进入企业战略，经营理念、方式和业态都更加全球化，与海外同行有更加一致的价值观，并购与产业整合的机会大幅提升。在资源、制造业之外，高科技文化传媒和消费等领域成为新的收购指向。

第三，80后特别是90后互联网人类的入场。互联网人类进入社会主流导致了社会生态的革命，他们的思维方式、语言概念、行为规则和对未来的认知全然不同于前几代人，没有历史包袱和强加的使命感。个人体验、快乐和成就成为创新的原动力。阿里巴巴、百度、腾讯、京东等企业的横空出世创造了全新的商业模式和产业，同样，打车美食和交友软件等根本改变了传统的交易方式和产业结构，这一场技术革命推动的产业整合正在席卷金融、教育、医疗、能源等各个领域。在这些领域，中国与全球同步甚至已经是产业整合的领导者。

第四，产业整合的基础设施成熟。经过几十年的市场积累和磨合，金融、财务、法律和监管等制度要素已经日臻丰满，中国并购与产业整合的基础设施与国际市场差距迅速缩小，价值观趋于一致。中国的特殊国情已经成为历史，来自全球各地的创业者、企业家和金融家都在中国市场中得到丰富的资源和机遇。这也是中国的并购力量可以启动全球产业整合的重要基础。

2015 年，中国政局稳定，不依赖经济总量的经济调整和结构变化已经成为全民共识。监管规则进一步放松，金融市场环境对于创业者更加友善。我们坚定地相信，中国的并购力量将成为推动亚洲和全球产业整合的主力，中国并购界的同仁们正在迎接一个辉煌的产业整合时代，中国并购公会将一如既往地为之摇旗呐喊、鸣锣开道。如同 2002 年笔者呼唤"中国并购元年"一样，天不负我辈，我辈安负于天！

中国并购公会　王巍

2014. 10. 24

目 录

第一部分　产业整合简史

第二部分　产业并购机会

第四部分　并购专项奖获奖并购案例精选

第一部分　产业整合简史

第一章　产业整合的历史

一、产业整合的含义和理论

(一) 产业整合的含义

所谓产业整合，是指为了谋求长远的竞争优势，按产业发展规律，以企业为整合对象，跨空间、地域、行业和所有制，重新配置生产要素，调整和构筑新的资本组织，从而形成以大企业和企业集团为核心的优势主导产业和相应产业结构的过程。

产业整合包括横向整合、纵向整合和混合整合。产业的横向整合，是指产业链当中的某一个环节上多个企业的合并重组。纵向整合，是指产业链中，上、中、下游环节的企业合并与重组，包括前纵向整合和后纵向整合。混合整合又称为斜向整合，是指对和本产业紧密相关的企业进行一体化或是约束，它既包括了横向整合，又包括了纵向整合，是两者的结合。

大体来说，产业整合具有以下含义：

一是指产业与环境的整合。这是指无论发展什么产业，对环境不应有负面影响，产业与环境要保证高度的可持续性。这就需要形成产业内部的内循环，使产业本身具备生态的生产、消费、分解的能力。此外，要尽可能地发展可持续产业，如旅游业、生态农业、林业以及文化产业等。

二是指产业部门的整合。这是指建立第一、二、三产业的紧密联系，形成相互交融、相互支持的产业发展格局，形成产业群落。在企业外部的垂直联系和水平联系中，以网络型的产业组织空间形成产业群落；或者将产业联系内部化，通过企业兼并重组，整合成有规模经济优势的跨地区企业集团，从而形成跨地区的集团企业核心的产业群落。

（二）产业整合理论的新古典解释

新古典企业理论对产业整合的研究主要是从规模经济、市场力量、税收规避、协同效应等方面展开。Marshall（1890）认为企业横向整合一般都伴随着技术和组织结构的调整，最终表现为一定程度的平均成本曲线的改变和单位生产成本的降低，尤其是技术创新和制度创新的加速发展拓展了企业的经济规模，同时也增加了企业实现规模经济效应的可能性，规模经济的追求是企业扩张的直接原因。而 Stigler 提出，公司间的并购可以增加对市场的控制力，主要表现在两个方面：一是通过并购同行业企业以减少竞争者，扩大了优势企业的规模，增加了优势企业对市场的控制能力；二是由于并购扩大的规模效应成为市场进入的壁垒，从而巩固了企业对市场的控制能力。Auerbach 和 Reishus 在一项对 1968—1983 年发生的 318 起兼并案例的研究中发现，有近 20% 的兼并主要是由于税收原因引起的。企业兼并的税收规避效应主要体现在：一是亏损企业和收益为正的企业合并可以冲抵税收；二是通过整合使交易内部化，可以避免在中间阶段支付营业税。J. F. Weston 提出产业整合的协同效应理论，认为对于横向一体化而言，协同效应主要体现在管理协同和经营协同。管理协同效应是通过主并购企业的管理能力的渗透和释放获得的；经营协同效应主要指两个或两个以上的企业合并之后，由于经济上的互补性、规模经济或范围经济造成收益增加或成本节约的效应。

Coase（1937）对新古典的企业理论提出了质疑，认为既然传统价格机制如此完美，企业就没有存在的理由，需要把企业理论从传统价格理论中被置于"黑箱"中的状态中解放出来。企业的显著特征是作为价格机制的替代物，企业的边界或规模由交易费用来决定。交易费用理论的兴起，打破了市场竞争总是有效的观点，它以企业为研究对象，着眼于市场机制的缺陷，并讨论企业的界限，从而进一步说明了企业纵向一体化和混合一体化的合理性。

Williamson 认为，可以从专用性投资、契约的不完备性、战略失误、信息处理优势、企业制度适应方面节约交易成本，实现纵向一体化。Teece（1982），Hennart（1988），Jaskow（1988）和 Kogut（1988）等从交易成本的角度解释了不同时期、不同行业、不同机制条件下的纵向一体化整合。而混合一体化之所以发生，是因为多产品企业内的"市场"能节约交易费用，或者说比外部市场更有效率，即多部门组织可以运用决策职能与执行职能分离等组织原则，使其管理费用可以低于这些不相关经济活动通过市场进行交易所发生的费用。混合企业组织的基本功能在于，它能够有效地把资源分配到高赢利部门。

20 世纪 60 年代，以梅森、贝恩等为代表的哈佛学派建立了较为完备的产业组织理论，提出了著名的 SCP 范式（结构、行为、绩效，Structure-Conduct-Performance），从企业外部观察市场结构和市场绩效，关注垄断、竞争及企业一体化行为对市场结构、市场绩效的影响等。他们把产业整合行为和垄断动机、进入障碍、经营多样化联系起来，普遍认为是垄断竞争和寡头垄断的市场结构决定了该产业的一体化市场行为，这种行为又决定了垄断企业可以获得更多的利润。

J. Bain，Kenneth W. Clarkson 认为，实现整合的企业可以设置进入障碍（绝对成本优势、规模经济优势和产品差别的优势）和利用垄断地位使未一体化的企业处于不利的局面，直至被削弱、消灭或排除；纵向整合的企业通过控制前序阶段生产过程中最终产品的价格或后序阶段产品的销售价格获取经济租金，使未纵向一体化的企业购买投入时支付高价，销售产品时低价出售，从而被赶出市场。

企业能力理论则认为，企业的生产可能性边界不仅取决于组织成员个体所拥有的知识和能力，而且取决于企业作为一个整体所拥有的知识和能力，它是企业剩余生产和长期竞争优势的根源，广泛涉及企业行为、企业成长、组织结构以及管理等基本内涵，此时的产业整合不仅仅重视对企业现有内部资源的整合或吸纳新的社会资源，而且也强调外部整合。

E. T. Penrose 认为，企业没有最优的规模，因为企业连续不断地产出新的资源，而资源具有差异性，这些资源可用于有效拓展邻近的产品市场，单个企业往往处于由小到大的不断进化之中，周而复始。

Lenz 和 Jemison 强调了自身资源的内部整合，强调了核心技术、技能、知识等核心能力通过产业整合的获取和培育，并强调了这对于企业成长的意义，认为以并购为主的产业整合能够使企业增强它现有的核心能力，或者能为开发新的核心能力创造条件，或者能为整合企业提供其成长和加强竞争地位所需的互补性资源和能力。

Alexander，Harris 和 Ravenscraft 通过研究认为，并购可以获取被收购公司的技术优势、知识资本、人力资源等，加速新技术的扩散和转移。

20 世纪 80 年代，企业战略理论的兴起则把产业经济学的分析工具运用于微观企业可见的经营活动，并将这些活动分布在静态的价值链上，从企业的立场探求如何利用市场等要素增强企业的竞争优势，这对于企业战略的制定，尤其是解决即时的经营问题，很有帮助。

以 Michael E. Porter 为代表的企业市场拓展理论将企业竞争优势归于企业的市场力量与产业拓展，并假设这一力量与企业进行市场定位、构筑进入和退出市场壁垒的能力相一致，整合是否降低成本或增加差异性取决于企业和它涉及的各种活动，其中关键性的要素是企业决定投入竞争的一个或几个产业，以及如何将一个企业的内部环境与其外部环境建立起有效的联系，这都明确地体现了整合的潜在收益。

还有的学者研究各种准一体化行为，如控股、参股、贷款担保、联合研发、小企业互助组织、较为松散的企业集团以及战略联盟、分包制等各种企业合作形式。

（三）产业整合理论的发展

20 世纪 90 年代，随着经济一体化、产业重构、国家界限的模糊因素的影响，跨国并购开始成为产业整合的重要手段，对产业整合的理论研究也围绕跨国并购展开，主要集中在三个方面：

1. 跨国并购作为进入外国市场的一种方式

Vermeulen 和 Bakema 认为跨国并购是企业开拓海外市场的有效方式，通过绿地投资开拓企业海外市场会形成一种路径依赖，并最终成为企业的一种惯性，相对应的是，跨国并购也可以减少组织的惯性。Anand 和 Delios 认为技术能力可以进行跨国互换，而品牌和销售能力对每个市场来说具有专有性。虽然他们的调查数据仅仅集中在产业层面，但分析得出，依据不同种类资源的可获得程度和重要性可以将企业的并购行为区分为能力获取型并购和能力扩张性并购。Brouthers 通过研究发现，进入外国市场企业的显著特征是受合法性限制，或者通过合作企业方式进入外国市场将面临很高的投资风险，其中制度环境是很重要的制约因素，因此，最佳的市场进入模型是由交易成本、制度环境以及文化因素共同决定的。

2. 跨国并购作为一种动力学习过程

Inkpen，Angwin，Hitt 研究了跨国并购的审慎调查、谈判以及并购后的整合过程，认为并购方需要提高对每一过程的认识以及学习和应用，借鉴以前的经验，避免犯同样的错误。审慎调查过程主要聚焦财务、税收、资产评估与运营、商业评估、是否提供贷款和保险以及并购方的管理团队等。谈判过程主要涉及交易价格、交易的额外费用、专业化投资银行的作用、中介机构等。并购后的整合过程研究主要有文化差异对并购后整合的挑战、整合进程取得的并购表现、整合进程的不同类型和控制系统几个方面。

3. 跨国并购作为价值创造的策略分析

Vermeulen 和 Bakema 对跨国并购的财富创造、并购后的绩效问题进行了研究。跨国并购为股东创造财富的表现主要有弥补本土市场的不完善、国际化的整合收益、协同、风险分散、资产共享等；在并购后的绩效方面，学者研究了并购和其他市场进入方式（绿地投资、合作企业）的绩效差异以及绩效和经验学习的相互关系。

Gamal Atallah 研究了信息不对称条件下生产技术、信息技术和产业整合的关系。在交易成本和代理成本的基础上，作者分析了技术进步对企业边界的影响，借助于四种不同类型成本（生产成本、合作成本、管理成本和交易成本）关联的模型分析得出，生产技术的进步导致更多的纵向整合发生，信息技术的进步导致更多的转包、分包业务发生，竞争或垄断也会导致越来越多的转包、分包业务，它使生产技术的变化导致纵向整合成为可能。Hongbing Cai 和 Ichiro Obara 通过构建企业信誉的简单模型（模型中顾客对企业的努力或质量保证的了解是不完全的），研究横向一体化对企业信誉的影响。他们认为，由于顾客往往对企业的努力或品质保证得到的是不完全的信号，在这种情况下，作为一种惩罚，企业必须放弃它们的某种优势，至少是暂时性放弃。企业的努力决策取决于整合所节约的为维护企业信誉而必须付出的额外费用的程度。对合并企业来说，横向一体化可以形成一个更大的市场，有利于企业更好地掌控决策，在为维护企业信誉作出的努力和必需的牺牲之间有更灵活的决策空间。分析还得出了企业最佳规模的信誉理论，当企业交易频率很高，信息扩散非常快，或顾客获取企业决策的信息真实的情况下，企业的最佳规模可以是更为小型的企业。同时，在 Marks 和 Mirvirs 的研究统计中，由于产业整合的失败率往往是很高的，甚至达到了 60%—80%，因此对影响产业整合成功的主要因素、并购后整合的理论研究也成为一个新的研究领域。

由此来看，产业整合的理论发展也是方方面面的，学术界会根据当前市场的发展方向以及新技术、新理念的涌现，对产业整合理论进行新的理论研究，促进产业整合理论的发展。

二、西方国家产业整合的特征和动因

（一）西方国家产业整合的特征

西方国家产业整合的特征具体来说可以具体分为以下三个方面：

1. 跨国并购成为产业整合的重要手段

工业化国家较大规模的产业整合起始于 20 世纪 70 年代末 80 年代初。进入 20 世纪 90 年代，跨国产业整合异常活跃，如美国得克萨斯公用事业公司收购英国能源集团，英国沃达集团并购美国空中通信公司，德国大众公司兼并英国劳斯莱斯公司等案例。

2. 产业间横向整合是主要形式

产业整合包括横向整合、纵向整合和混合整合。普华永道的统计数据显示，2014年上半年仅中国地区并购市场交易总金额为1 830亿美元，环比增长19%，创近三年新高。值得注意的是，其中30宗并购交易单笔交易金额超过10亿美元。据了解，高科技行业尤其是互联网行业，以及金融服务行业有数个大型并购交易发生；同时，由于中国房地产开发商通过借壳上市的方式登陆资本市场，导致房地产行业并购交易持续增长。

3. 强强联合促使企业组织规模迅速扩大

1998年旅行者集团与花旗集团兼并案以726亿美元创下银行业并购价值的最高纪录。2001年1月10日，美国最大的因特网服务公司美国在线公司宣布以1 600多亿美元与全球第一大媒体公司时代华纳公司合并，拉开了新经济与传统产业整合的序幕。2014年8月20日，中联重科以20.88亿元收购奇瑞重工18亿股股份，占总股本60%；弘毅投资则以6.96亿元取得奇瑞重工6亿股股份，占总股本的20%。这种强强联合，可以做到优势互补，使技术、资金、信息和市场共享，从而实现资源的合理配置，避免过度竞争，维持相对垄断地位，以求更大发展。同时，也刺激了更多企业为了维持在市场中的竞争地位不得不卷入更狂热的兼并浪潮中，加大了产业整合力度。

从图1-1中来看，全球跨国并购交易金额在2007年达到顶峰，总交易金额达到10 227亿美元，总案例数7 018例。但是总交易案例数在2008年达到最多的11 300例，总交易额6 262亿美元，这与当时的全球金融危机相关，出现了一大波的兼并与收购。之后交易金额有所下降，但并购案例还是保持在一个比较高的水平。

（二）西方国家产业整合的动因

西方国家产业整合的动因是多方面的，具体来说可以整理为以下三个方面：

1. 企业为获得规模优势

获得一定的价格制定权和市场份额，从而决定相应的产业利润及未来收益。在此基础上才能为实现产业中的技术与组织创新提供必要条件，为产业结构的调整提供可能，也能在下一阶段的市场竞争中保持和巩固优

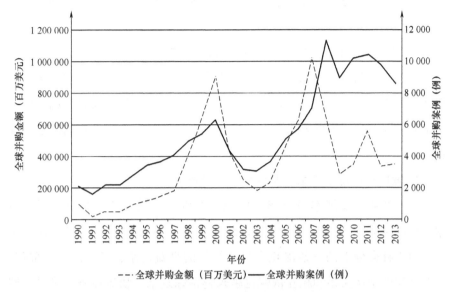

图 1-1　1990—2013 年全球跨国并购交易总额及案例数

资料来源：Wind 资讯。

势。因此，规模优势在全球市场中是非常重要的。

2. 企业为扩大市场份额

谋求市场安全。通过扩大企业市场份额来增强市场控制能力、巩固战略地位，是产业整合的直接目标。而在一定的市场结构中，所谓的竞争并不是单纯的优胜劣汰，它主要的含义在于你死我活的掠夺性战略博弈。

3. 实现企业间优势互补，强化核心竞争力

对具体企业而言，只有核心竞争力才是企业获取长期稳定的竞争优势的基础，而将技能、资产和运作机制有机融合的企业组织能力，是企业推行内部管理战略和外部交易战略的结果。

三、产业整合的实现途径、相关风险

（一）产业整合的实现路径

产业整合要着力解决产业"散""弱"，产品开放度低以及内部组织合力等问题，整合方式可以通过政府牵引，企业自愿结合，优势互补，扬长避短，共生共荣的方式。具体方法可归纳为如下五个：

1. 以着力产业结构缺陷为主的"补短"方法

中国许多制造业产品过剩，市场竞争相当激烈，但中国基础设施方面仍然供给不足，许多领域还是"卖方"市场。基础设施建设是我国经济发展中的主要瓶颈，因此要采取多种措施解决我国基础设施不足的问题，要补这个"短"。

2. 发展一些综合性强、整合度高的产业

这些产业的发展本身可降低区域产业内损，提高产业组织的运行效率。比如物流行业，物流经济是持续发展的最重要的一环。在现代经济中，由于社会分工的日益深化和经济结构的日益复杂，各个产业、部门、企业之间的交换关系和相互依赖也越来越错综复杂，物流经济是维系这些复杂关系的纽带和血管。近年来，以顺丰和EMS为首，包括申通、圆通、中通等在内的多家物流公司都得到了快速发展。

3. 规模经济和范围经济相结合，促进合理产业组织构架的形成

全球经济快速发展，竞争日益激烈，占有市场及控制市场等方面的因素，迫使区域必须培育强大的领袖式企业。对我国而言，必然要求强强联合，形成以寡头企业为主导的格局。但同时需要实现范围经济，形成中小企业既合作又竞争的网络，形成高效的柔性生产综合公司。因此，合理的产业组织架构应是规模经济和范围经济相结合，以寡头企业为主导，中小企业为主体的产业组织构架。

4. 以信息技术促进产业整合

信息技术为产业整合创造了条件，信息技术强大的渗透性对所有经济部门和产业都有影响，它对产业的渗透作用已超过了历史上出现过的任何其他技术。信息业是产业升级的重要推动力，也是赢得市场的主要力量。发达国家产业结构的高级化主要通过促进信息产业化来实现，亦即当技术变革引起产业结构转移时，通过引进信息技术促进产业结构的变革，为经济增长创造良好的市场条件。

5. 充分发挥政府在产业整合中的作用

从理论上说，在市场经济条件下，政府应该从微观经济管理的层面上退出，主要运用设计、政策、法律来为企业发展导向，为企业营造适宜的发展环境，从宏观高度对整个国家经济的运行实施调控。在社会主义市场经济条件下，政府主导的资产重组行为必须遵循市场经济的内在规律，尊重市场对资源配置的基础作用，同时也必须注意防范市场经济盲目、短视的行为，规避其作用滞后等负面效应的影响。

（二）产业整合的相关风险

关于产业整合，主要有以下三个方面的风险：

1. 新拓展业务经营中的不确定性风险

这里又可以分为三个风险，即并购企业整合中的风险、政策风险和盲目兼并风险。并购企业整合中的风险主要体现在公司完成收购后能否进行全方位的整合，兼并后能否带来更好收益；政策风险则指为规范市场，政策的变化会给投资人带来的不可预知的经营风险；盲目兼并风险体现在有些企业在拓展过程中行事草率，缺乏周密的兼并计划，不深入细致地研究被兼并企业的资产状况，在不良资产剥离和债务清偿等过程中付出了巨大的代价。

2. 资金链风险

渠道单一、资金需求过大、融资困难等原因都会造成资金链风险。

3. 产业组合不合理风险

长、中、短期投资组合节奏的把握不合理，长期投资项目没有拉开投资时间等，都会造成风险。成熟的企业是通过合理的资产组合来分散不确定性和资金链风险的。资产之间是否存在很好的互补性，可通过观察资产组合波幅来判断。产业的整合目的是为了通过上升行业的利润弥补下降行业的亏损，在整个企业中形成稳定的收入，而未整合的行业风险极大。

四、产业整合对世界经济的影响

产业整合会对世界经济产生以下几方面的影响：

第一,企业并购可能产生局部垄断经济。如火如荼的并购使美国出现了"新寡头经济",目前,美国的铁路、汽车、电话、烟草、广告和饮料等市场,均被不足五家寡头公司垄断。

第二,跨国公司对世界经济的影响力空前强化。由于跨国并购多在欧美国家发生,因而国际资本越来越趋向于向发达国家集中。根据埃森哲2013年报告,目前全球跨国公司超过8万家,其外国子公司达到80万家以上。2010年跨国公司的全球生产带来约16万亿美元的增值,约占全球GDP的1/4,其外国子公司的产值占全球GDP的10%以上和世界出口总额的约1/3。

第三,国际竞争将更加激烈,将出现规模扩张和市场份额争夺的轮番升级。巨型企业合并、合作并不会导致竞争削减,而会在规模迅速膨胀的基础上继续下去,超大规模企业间的竞争将更加惨烈、无情,尤其是在许多行业生产过剩的情况下,竞争失败者将被无情地淘汰出局,哪怕是曾经不可一世的巨型企业。

第四,加速了世界经济全球化进程。跨国界、跨区域的并购不仅避开了贸易壁垒,而且使国家之间、区域集团间经营投资活动更加频繁,有力地推动了民营经济的全球化进程。世界各国及地区间贸易、投资和金融服务往来日趋密切,相互依存度不断提高。

第二章 中国产业整合的启动

一、国外产业整合对我国的启示

（一）产业整合对我国经济的影响

产业整合对我国经济的影响与其对世界经济的影响大同小异，包括：局部垄断经济，跨国公司对我国经济的影响越发强大，在经济全球化背景下也将面临更加激烈的国际竞争。

具体来说，企业兼并整合一方面可以促进国内部分行业的集中，优化产业结构，从而提高一定的生产效率和利润率。另外，随着我国经济开放程度的提高，跨国公司大量进入中国内地市场，国内企业也将面临国际大型企业的兼并整合，从而面临更大的市场份额竞争，进入壁垒进一步加大。但也不可否认，对于一些经济基础扎实的企业来说，不仅是一个可以走向世界的机会，还是成为国际型企业的一个重要机遇。

从图1-2来看，我国的产业整合从2007年开始爆发，比重最大的整合方式是横向整合，交易金额为40 248.9亿元人民币，产业整合20 220.32亿元，纵向整合2 331.88亿元（此分类由Wind资讯定义，所有产业整合以交易完成为准）。在随后的发展中，横向整合的发展有扩大趋势，大部分的企业还是以扩大市场占有率为目的的产业整合计划。从图1-3的整合案例数来说，其与交易金额数保持了一定的一致性。

（二）产业整合对我国企业带来的挑战和机遇

从当前国际经济形势来看，美国2014年第二季度GDP环比增长率达到了4.2%。美国由于自身的科技实力和美元的主导地位，其经济的支撑

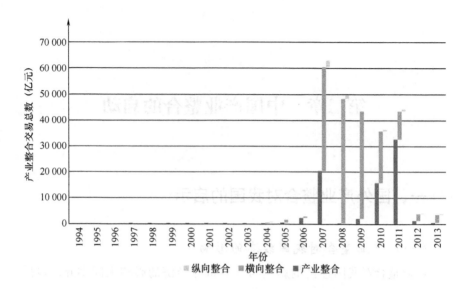

图1-2 1994—2013年我国产业整合交易总额

资料来源：Wind资讯。

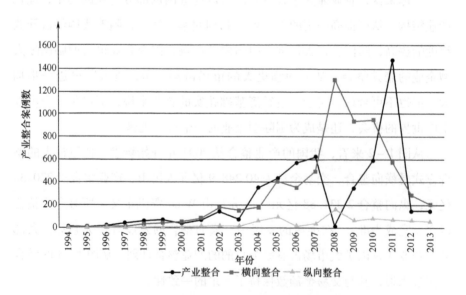

图1-3 1994—2013年我国产业整合案例数

资料来源：Wind资讯。

力要比欧洲强一些。但是由于没有成本优势，美国制造业的振兴是一个较困难的过程，中小企业的发展也较为艰难。只有重大科技进步，才是美国未来经济成长的推动力。从目前的经济情况来看，美国经济中短期有比较强劲的复苏迹象。

欧洲方面，英国 2014 年第二季度 GDP 环比增长率为 3.2%，德国为 0.8%，这两个作为欧洲之首的经济大国，在一定程度上带动了整个欧盟经济的复苏。但是欧债危机仍是一个不可忽视的重要因素，产业空心化、福利过度、借债消费等问题都是需要欧洲国家政府进一步解决的重要问题。

亚洲方面，从 1980 年日美两国在纽约签订广场协议和美国压日元升值以来，日本经济长期陷入低迷状态。经历了日本核危机及欧美债务危机对日本出口的影响，面对国内人口负增长和老龄化、产业空洞化、私人投资不振、中小企业发展不景气、结构性失业严重，及日元对美元还存在着升值压力等一系列问题，日本未来经济发展前景并不被人们看好。

而中国、印度、巴西和南非等新兴国家，将是经济持续成长的地区。这主要体现在：

（1）中国、印度以及南亚和非洲的城市化，将形成巨大的投资和消费需求，是推动全球经济增长的强劲动力，对全球投资和产业并购也有着强劲的吸引力。

（2）以上地区劳动力等成本比发达国家便宜，产品在国际市场上有着较强的竞争力。但近年来中国的人力资源成本有上升的趋势，一部分国际企业已经开始将生产基地从中国迁往印度、越南等人力资源成本更低的国家。

（3）中国、印度和南亚的许多国家，经过几十年教育的发展，人力资本得到积累，质量也得到提升，而且在人力资本规模上明显占有优势。

（4）中国的中小企业在数量上看明显发展不足，说明在这方面还有十分广阔的发展空间，如果体制理顺、政策到位，中小企业的长足发展将推动经济强劲增长。

（5）中国和印度等国家不仅存在着制造业低成本优势，也存在着研发低成本优势。而且，发展中国家的科学家和研发人员，在研发工作上要比发达国家的人员更勤劳、更具有献身精神。

（6）像中国和印度这样的人口规模大国，有着投资和消费的规模经济优势，产业在这样的国家中发展，其销售量和产业配套都有巨大的经济需求空间和回旋余地。因此，对中国产业的发展要有信心。

（三）产业整合对我国的启示

长期以来，我国许多产业存在低水平重复建设和过度竞争、规模不经济、市场分割和地区封锁、上下游产业脱节等问题，严重影响了我国产业的国际竞争力。在目前，产业整合作为新的经济发展模式，对我国有如下启示：

1. 实施产业整合是造就和扩展我国国有企业生存空间的必要前提

在世界强手争夺国际市场的战略竞争中，单纯依靠企业改革和相应的效率提高，并不能为我国国企争得一席之地，尤其是我国大多数产业都处于利润率下降的产业成熟期。而通过积极的产业整合，使处于产业成熟期的企业提高竞争实力、降低成本、调整产品结构，是扩展国企生存空间的重要手段。

2. 提高产业竞争力是提高我国国家竞争力的根本途径

哈佛商学院教授迈克尔·波特指出："国家的竞争力取决于产业创新和升级的能力。"在国际市场的剧烈变动中，企业只有具备了产业创新的能力，才能说该国真正具备了国际市场的竞争优势和国家的竞争实力。改革开放以来，我国国际竞争力的提高主要来自资源比较优势。目前，这一优势已逐渐丧失，为提高我国在国际市场上的竞争实力，提高国家的国际竞争力，必须把产业整合放在重要位置。

3. 我国的产业整合必须以资产存量调整为突破口

促使生产要素向生产率高的产业转移，产业政策的制定应力求促使生产率上升快、关联度大和收入弹性高的部门得到振兴和发展，产业的升级应强调技术体系的升级，以提高我国产业参与国际竞争的能力。

二、我国产业发展历程

(一) 我国产业发展历程

新中国成立后，根据我国当时的国情，优先发展重工业，进而带动轻工业和农业的发展。但由于重工业的发展需要充足的资金和资源，政府不得不人为压低资本成本，从而导致了在 20 世纪六七十年代中国经济出现严重的结构失调。但是随后的改革开放及市场机制的引入，使我国产业取得了长足的发展，三个产业的比重逐步调整，趋于合理。

首先，国民经济各个产业都取得很大发展，但三大产业的增长速度并不一样，其中二、三产业增长速度明显高于第一产业。从 1979—2015 年，第二产业增加值由 1 913.5 亿元增长到 277 571.80 亿元，增长了约 144 倍，年均实际增幅达到 15.28%。第三产业增加值由 878.9 亿元增长到 308 058.6 亿元，增长了近 350 倍，年均实际增幅达到 18.22%。而相比第二、三产业，第一产业增加值仅由 1979 年的 1 270.2 亿元增长到 2015 年的 58 343.5 亿元，增长了约 44 倍，年均实际增幅仅为 11.56%。

1952—2013 年第一、二、三产业增长情况见图 1 - 4。

其次，从产业比重来看，第一产业比重不断下降，其增加值占国内生产总值的比重从 1979 年的 31.3% 下降到 2013 年的 10%。第二产业的比重大体稳定在 44% 左右。第三产业的比重则不断上升，1979 年为 21.6%，到 2013 年已达 46%，与第二产业旗鼓相当。1952—2013 年第一、二、三产业比重分布情况如图 1 - 5 所示。

再次，从产业内部结构来看，第二产业中，重工业比重从改革前远大于轻工业调整到基本持平，而从 1999 年以后，重工业增长速度又开始明显超过轻工业，重、轻工业总产值之比从 1999 年的 1∶0.97 上升为 2008 年的 1∶0.40。在第一产业中，总体上产值结构更加合理化和多样化，种植业比例从 1980 年的 80% 下降到 2009 年的 48.4%；畜牧业有较大提高，从 1980 年的 18.4 上升到 2009 年的 32.3%。第三产业中，金融业、保险业、房地

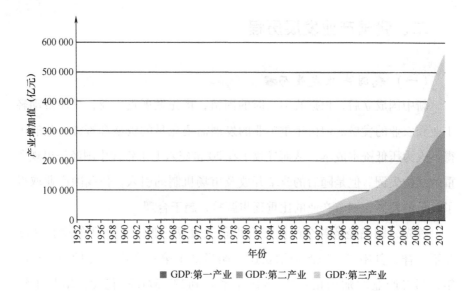

图1-4 1952-2013年第一、二、三产业增长情况

资料来源：Wind 资讯。

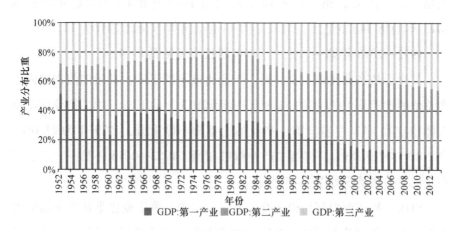

图1-5 1952—2013年第一、二、三产业比重分布情况

资料来源：Wind 资讯。

产业等产业发展迅速，计算机服务业、软件业、互联网与信息服务等新兴产业快速崛起，成为第三产业中的重要增长点。

最后，在产业组织方面来看，由计划体制转变为市场机制，确立了市场经济的主导地位，可以说一个竞争性的统一市场已经基本建立起来。经济体制改革打破了公有经济一统天下的格局，非公有制经济成长壮大，并逐渐在国民经济中占据了主体地位。实施了以建立现代企业制度为目标的国有企业改革，从企业规模、市场结构、所有制结构等方面建立起新的格局，在各行业中形成了完善的产业链条。

（二）我国产业发展特点

1. 产业结构随消费结构的升级而升级，随主导产业的更替而优化

市场需要是产业结构调整变动的原动力，消费需求的增长对消费结构的影响是促使产业结构调整最直接、最强大的动力，产业结构调整的过程就是不同阶段具有较高增长率的主导产业更替的过程。从经济运行的既往轨迹看，居民消费结构的转型必将导致产业结构的调整升级，并以主导产业的形式表现出来。

伴随着经济增长、人均收入提高而实现的居民消费结构升级，在改革开放以来，大致经历了三个阶段。

第一阶段是20世纪80年代初居民对以"三大件"（手表、自行车、收音机）为代表的农副、轻工等产品的强大需求和消费结构的升级。第二阶段是20世纪90年代以后出现的"传统三大件"升级换代为"电视、冰箱、洗衣机及录音机"为标志的家庭耐用品在家庭消费中的普及。第三阶段的消费结构发轫于20世纪90年代末，以汽车、住房、通信、教育等产品的消费和更新换代为主导。

因此，中国产业结构调整升级是适应市场需要的结果，市场需求起着直接的关键作用。这一点与新中国成立以后中国产业发展和布局几乎完全受政府力量左右存在极其明显的差异。

2. 产业结构随改革重点的调整而调整，随产业政策的实施而升级

一般来说，改革的每一项重大举措都对经济社会的各个方面产生重大影响，也直接体现在产业结构的调整进程中。如1978—1983年期间，改革主要集中在农村和农业领域，实施以农村家庭联产承包制为核心的改革措施的直接后果是第一产业产值比重不降反升的异常现象。政府在产业结构优化升级中的作用不仅体现在宏观政策的制定上，有时政府还会出台和采取一些诸如减税、低息贷款、出口优惠等具体措施以鼓励资本进入某些行业和领域，如2000年为鼓励软件产业发展，国家采取了对增值税一般纳税人销售其自行开发生产的软件产品2010年前按17%的法定税率征收增值税，对实际税负超过3%的部分即征即退用于企业研究开发软件产品和扩大再生产的税收优惠政策。

3. 产业结构随对外开放的进程而调整，随国际产业的转移而变革

中国对外开放的过程同时也是产业结构应国际产业转移需要而调整的过程。自1980年批准建立深圳、珠海、汕头、厦门四个经济特区之后，中国的对外开放事业又先后经历了从上海、天津等14个沿海港口城市到长江三角洲、珠江三角洲、闽南厦漳泉三角地区等沿海地区，再到山东半岛、辽东半岛直至所有内陆地区等历程。为加大吸引外资的力度，中国在税收、土地使用、进出口自主权等方面都给予诸如"两免六减半"的外资超国民待遇。

与目前发达国家对产业转移的主体已经由制造业转向服务业为主、资本转移以间接投资为主的情况不同，随着对外开放国策的实行，中国在吸纳外商直接投资、承接国际产业转移的进程中，承接的产业仍然以制造业为主，资本流动以外商直接投资为主。

但是近年来，随着中国经济的不断发展，经济结构的不断调整，中国承接的国际转移产业已经不再局限于劳动密集型产业，而是向资本密集型和技术密集型转变，存在较大的发展空间。

（三）我国产业结构演变趋势

产业结构有其自身的演进规律，包括：三次产业变动规律、轻重工业变动规律、生产要素密集型产业变动规律、产业结构高加工度化和高附加值化变动规律、主导产业变动规律和产业由低级向高级演进规律等。我们依据几个主要的产业结构演进规律、世界金融和经济危机引起的产业发展趋势与中国产业结构现状的比较，来分析判断中国产业结构演进的趋势。

1. 三次产业演进趋势

改革开放前,从产值构成来看,产业结构已经从以第一产业为主转变为以第二产业为主,劳动力也从第一产业向第二、三产业转移,但就业结构的转变滞后于产业增加值的转变。改革开放后,从增加值来看,第一产业增加值占国内生产总值比重从1979年的31.3%下降到2013年的10.0%,第二产业的比重从47.1%略微下降到44.0%,第三产业增加值的比重从21.6%上升到46.0%。而从就业构成来看,第一产业从业人员数比重从1979年的69.8%下降为2009年的31.4%,第二产业从业人员数比重则从17.6%上升为30.1%,第三产业从业人员数比重也从12.6%上升为38.5%,就业人口在不断从第一产业向第二产业和第三产业转移,只是转移的速度仍然滞后于产业增加值的变化速度,现在第一产业就业人口仍是很高,而产值却最低。

随着经济的继续发展,第一产业增加值的比重还将继续降低,第二产业增加值比重达到一定程度后会下降,第三产业增加值的比重将继续上升;而就业人口也会继续从第一产业向第二产业特别是第三产业转移,还可能会加速。

三次产业结构的演进,不仅表现在各个产业比重的变化上,而且包括各自发展的层次或水平的提升。目前,中国三大产业的发展层次总的来看都不高。按照产业结构的演进规律,农业的发展趋势是实现产业化、机械化、现代化;制造业的发展趋势是振兴装备制造业、重点发展高端制造业;服务业的发展趋势是以现代服务业为主导。

2. 轻重工业演进趋势

改革开放前,中国的轻重工业发展走了一条逆经济规律而行的道路,是优先发展重工业的道路,也就是没有经过轻工业的大发展而直接进入重工业化阶段。这引发了轻工业产品严重供不应求的局面,但经过后来的"补课"发展正式进入标准的重工业化阶段,随后会进入一个工业化后期轻重工业结构变化的阶段。

3. 生产要素密集型产业演进趋势

中国在早期发展中由于以重工业发展为主,所以是资本密集型产业为主，这违背了中国当时劳动力资源丰富而资本缺乏的国情。随后政府意识到问题的存在，开始转变发展策略，劳动密集型的轻工业和服务业成为政府优先发展的对象。在后来的发展中，到2009年资本的充裕促进了资本密集型产业的较快发展。随着劳动力成本的进一步上升和资本的更加充裕，资本密集型产业在国民经济中的比重将会越来越高。另外，随着科学技术的进步和知识的积累，诸如电子信息制造业、生物产业、航空航天产业、新材料产业、新能源产业等技术密集型产业和知识密集型产业将会逐渐占有重要地位。

4. 高加工度和高附加值产业演进趋势

由于中国在国际产业价值链中处于低端，获取的价值很少。从整个世界的范围来看，中国很多产业都是中低附加值的产业。今后，随着人力资本投资的增加、自主创新的推进和知识技术的积累，中国产业将进入世界产业价值链高端，低加工度、低技术含量、低附加值的局面必将改变。

5. 发展战略性新兴产业的演进趋势

国际金融和经济危机、世界严峻的资源环境形势，正在催生新的科技革命和产业革命，各国正在争先恐后发展新能源、新材料、节能环保、生物医药、信息网络和物联网、高端制造业等高新技术和战略性新兴产业，抢占经济、科技制高点。这些将进一步改变世界经济发展的方式和产业结构，中国必须跟上这种世界大趋势，加快发展战略性新兴产业。

三、我国产业整合面临的形势和挑战

（一）我国产业整合面临的形势

第一是供求失衡的大环境。目前，我国各个部门和行业的生产普遍处于供过于求的状况。据商务部对600种主要商品的测算，2010年上半年供求平衡的商品大约在1/3，供过于求的约占2/3，基本没有供不应求的商品。全国第三次工业普查的结果显示，在900多种主要工业品中，有半数以上的产品生产能力利用率低于60%。但是，我国又普遍存在高新技术产品开发和生产供给不足的问题。例如，目前机械行业产品总的生产能力利用率只有50%—60%，中低档次产品生产能力严重过剩，而高水平产品生产能力又明显不足，需要大量进口。我国目前存在的是总体的低水平过剩与向深度、高度开拓发展不足的矛盾，是有很大局限性的供过于求。

第二是重复建设造成的结构调整难问题。我国目前普遍存在供过于求问题的主要病因是低水平扩张，重复投资、重复引进和重复建设严重。原因除了地方政府普遍干预经济外，主要在于企业大的不强、小的不弱，加上市场分散、信息不灵等，从而使各个产业普遍存在重复投资和重复建设的问题。低水平扩张和重复建设必然造成低层次的重叠和高层次的空缺，以及普遍的分散和弱小等问题，结构调整的难度非常大。

第三是组织改造的大任务。我国目前同样面临产业组织改造的艰巨任务。在计划经济体制下普遍形成的旧的部门"统而散"和企业"大而全""小而全"等，都需要打破、分割、剥离和重组。

第四是国际竞争的大压力。当今世界，国家间的经济竞争实际上是各国大企业、大集团之间的竞争，是整合力量的竞争。许多跨国公司已经进入中国市场，我们正面临跨国公司的强大竞争压力。这一竞争压力是全方位的，不仅体现在现实经济和技术的巨大差别，及物质资本力量对比的悬殊上，而且体现在战略目标和手段的巨大差别，及知识产权和无形资本力量对比的悬殊上，此外还体现在市场运作水平和能力的巨大差别上，体现在经济技术和科学知识整合力量对比的悬殊上。

（二）我国产业整合面临的问题和挑战

我国经济面临的种种主要问题，其要害和症结可以概括为"分散"。有三种主要类型的分散：一是"多而散"，总量供过于求的散；二是"小而散"，企业规模过小的散；三是"弱而散"，竞争力弱和效益差的散。同时，也有三种主要形式的分散：一是地区重复投资和建设的"布局散"；二是企业"大而全"和"小而全"的"组织散"；三是企业规模小、产业关系乱和层次低的"结构散"。

当然，目前中国产业整合还是存在一定机遇与挑战的。经过前改革时代的发展，我国经济已经实现了数量的提升，后改革时代需要实现经济发展质量的飞跃。在这一过程中，产业结构优化升级将成为经济发展的关键。能否成功应对并解决上述问题，就是我国当前产业整合所面临的问题和挑战。

四、我国产业整合的内容及路径选择

（一）我国产业整合的内容

产业整合本质上是以企业为主体，以产业为构架的市场整合。美国经济学家 Bain 把"市场结构—市场行为—市场绩效"作为产业组织的分析范式。我们把"市场关系—产业行为—产业绩效"作为产业整合的分析范式。

1. 市场关系

市场关系的本质是以供求和交换的方式，反映和实现分工、专业化与协作的关系。分工和专业化的扩大与加深，使交换扩大和加深，而广泛的长期持续的深层次的交换必定会形成统一的、稳定的、内在的联系。这就是整合。

从分散到整合是一个过程，是一种机制。其一方面是自发的。只有自发的方式，才能把广泛、充分发展的分工所形成的丰富和复杂的关系，以具体和多样化的方式联系起来，实现联系和转换的连续性，形成不间断的过程，产生整合的结果；另一方面它是完整的，包括流动机制、竞争机制、聚集机制和扩展机制，这些机制的统一形成整合机制。只有在自发与完整的关系和过程中，市场机制才能充分和有效地发挥作用，才能形成和实现产业整合。

2. 产业行为

企业在市场关系中，通过买卖和经营而产生产业整合化效果的行为就是产业行为。其主要有四个方面的内容，即获得和增加产业份额，实行产供销一体化经营，进行多元化的生产经营，以及实施企业的购并和联合。

当然，在现实生活中，以上四种产业行为，以及生产经营整合和资本经营整合等往往是相互联系和补充的。于是，就会产生一次整合、二次整合和三次整合等。

3. 产业绩效

产业行为的产业绩效主要是指产业整合的效果，指实现产业的进步和提高，形成产业点、产业线、产业面和产业几何体，或产业环、产业链、产业扇、产业群和产业网络，以及产业效益等。测度产业绩效有一系列指标，主要有：产业组织度、产业集中度、产业关联度、产业结构比例、产业高级化程度、产业重组效能和产业利润率。产业绩效的各种指标是密切相关的，应该配合或综合运用。产业绩效除了产业经济效益外，还包括产业社会效益。只有在充分竞争的基础上，产业集中度高的产业经济效益才能做到不以垄断价格为条件，不以牺牲社会利益为代价。

（二）我国产业整合的路径选择

纵观国际产业发展趋势，结合中国的国情，中国产业整合可有多种途径选择。

1. 企业瘦身强体

根据原国家经贸委等 8 个部委颁发的《关于国有大中型企业主辅分离辅业改制分流安置富余人员的实施办法》（859 号）文件精神，国有大型企业应该抓住时机，通过主辅分离、辅业改制工作，瘦身强体。同时，大型企业集团还应重视将企业内部的全能结构转化成市场关系，要重视主业的专业化整合，以消除企业内部的同业竞争。

2. 集团组织结构扁平化

大型企业集团管理层级最多可达六七级，这是传统的计划经济体制遗留下来的。这种体制最大的问题是法人结构林立、管理链条冗长、资金分散、效益低下。因而，从管理结构扁平化入手，进行企业内部的产业整合，是一个富有现实意义的整合方向。

3. 锻造产业金字塔型

发达国家的多数产业组织结构为金字塔型，大量的小型化、专业化企业构成了产业的塔基，少数大型企业集团为塔尖，相互之间是市场配套或供应关系。我国的现状是大中小企业都在相同的平台上，以相同的组织形式、相似的管理方式、相近的生产水平，仅以价格差异、地区保护、人际关系作为主要的手段进行非有效竞争乃至恶性竞争。

五、政府对于产业整合的推动作用

（一）政府推进的原则和方法

在依据和通过市场的情况下，政府推进产业整合还必须采取相应的方式，体现"管理的交易"原则，即政府与企业和市场交易的原则。产业整合本来是企业和市场的事，现在政府要推进它就必须给它提供相应的条件，使它产生相应的效益，而不至于损害企业和市场。

其一，制度推进。政府对产业整合的制度推进，不仅仅是制定一系列的市场规则，更重要的是使其不断完善，落实这些规则，使其得以真正实施和发挥实际作用，还要广泛和深入地推行制度，使制度得以扩展和提升，从而使制度的作用得到扩大和提高。

其二，产权推进。政府的产权推进，首先是把公有制尤其是国有制的所有权与经营权分开，然后是按市场原则进行经营权交易，以确立边界清晰和具有排他性的产权，再后是允许公有制的产权进行市场交易流动和重组。还应该建立所有权与经营权之间的产权关系，使公有制的产权流动和组合产生产业整合的效果。政府还可以有意识地进行国有资产的产权运作以实现产权重组和整合，保证、促使和推进产业整合。

其三，行政推进。实行行政推进，但必须依据和通过市场。一是依据市场制定有关的行政标准，二是依据市场采取适当的行政行为，来促进产业整合。

其四，经济推进。政府采取经济手段和措施，降低企业产业行为的成本，提高产业整合的效益。经济推进的关键是适当和适度，运用的手段和措施要适当，运用的力量以及产生的影响要适度，否则会扭曲市场关系和损害市场机制，使产业整合缺乏健康发展的环境和条件。

其五，服务推进。政府为企业的产业整合提供服务，以服务的方式推进产业整合。其具体内容包括政策咨询、管理培训、信息和技术服务等。

中国要快速走向并有效实现产业整合，就需要政府发挥其必要的积极作用。但是，政府也有其缺陷和不足，政府的作用和行为可能限制或排斥市场、限制或阻碍竞争，因而会从根本上损害产业整合。这是两难选择。可行的途径是政府在依据和通过市场的前提下推进产业整合，可以采取以下几个方式：

1. 通过市场交换

政府要推进的产业整合必须有分工、专业化和协作的历史基础和现实条件，要通过企业与市场或企业与企业的交换，还要通过政府与企业和市场的交换，另外，还要通过更广泛的市场交换关系，这里主要指整合与非整合的交换。由于整合是以分散和竞争为前提条件的，因此政府推进产业整合必须使分散和竞争以另一种方式获得相应的发展；否则，不仅整合会枯竭，而且市场也会衰竭。

2. 通过市场评价

政府推进产业整合，必须通过市场评价。首先，要通过市场比较（比较是评价的条件）、市场竞争（竞争是评价的关键），同时还要进行竞争投标或竞争力评价等。其次，要通过市场选择（选择是评价的结果）。另外，政府要在规定和落实企业资本扩张、赢利、增值等指标的情况下，允许企业对联合和兼并等进行选择。在此基础上，还要进行综合市场评价，并依据市场评价进行市场再选择。

3. 通过市场接纳

产业整合是以市场广度、深度和高度发展为条件的，以政府推进产业整合必须考虑市场的容纳度和接受力，也就是说要通过市场接纳。其一，是通过市场界面，也就是通过市场的容量和边界，通过市场的相互关系，通过市场的接受力和作用力。其二，是通过企业管理。由于所有内容和形式的产业整合都以企业管理协调为主要手段，因此政府推进产业整合必须通过企业管理。所谓通过企业管理,也就是要通过企业的管理幅度、管理能力和管理水平等。

(二) 政府在产业整合中起到的作用

在社会主义市场经济条件下,政府主导的资产重组行为必须遵循市场经济的内在规律,尊重市场对资源配置的基础作用,同时也必须注意防范市场经济盲目、短时和作用滞后等负面效应的影响。具体来说,政府在产业整合中主要起到以下几个方面的作用:

1. 给予宏观政策导向

对于那些符合国家产业政策要求的资产重组给予全方位的大力支持,对于那些违反国家产业政策的企业重组行为则采取经济手段给予制裁,促进重点产业的快速整合发展,为市场经济产业整合确立一个发展方向。

2. 直接经济利益驱动产业整合

政府会在符合国家产业政策要求的大中型企业利用政府直接投资、参股和政府采购,或者撤资、撤股和转移政府采购的方式促使企业兼并联合。

3. 强力行政手段干预

对于关系国民经济全局的重大资产重组行为,政府会采取行政手段加以干预,发挥政府宏观经济管理资源的作用。对于中外合资合作企业的审批、大型企业集团的组建、大型国有企业的股份制改造、大型企业之间的兼并联合,必须由相当一级政府批准,有的要由中央政府批准。

4. 制定法律法规规范

在西方发达国家,有关企业并购和资产重组都有详细而配套的法律和法规,从而保证了企业整合的规范运作。但是目前来看,我国并没有在这方面制定完善的法律体制,政府应该尽快制定企业兼并法,完善有关企业并购的法规,促进产业整合规范有效进行。

5. 营造适宜产业整合的环境

政府应该加快金融改革的步伐,采取有力措施加快投资银行业的发展,加快保障制度的建设,为产业结构调整和企业资产重组营造一种适宜的环境。

第三章 中国产业整合的总体特征与趋势

一、"走出去"渐成趋势，跨国并购市场地位突显

改革开放初期，我国的产业整合、并购重组活动大部分发生在同一行政管辖区内，跨区域的整合事件很少，跨国并购整合更是凤毛麟角。随着我国经济的不断发展和企业自身实力的增强，如今，跨国并购整合行为已日益频繁。与此同时，随着全球经济一体化的推进，人民币日益国际化，而我国近4万亿的外汇储备更是加快了国内企业开拓海外市场的步伐。我国并购市场的跨国并购事件由2007年的83起增加至2015年的481起，所涉及的交易金额从2007年的188.40亿美元增加至2015年的1 414.63亿美元。金融危机后国际市场的波动性和不确定性加剧，但是国内企业拓展海外发展平台，寻求新技术、新市场的势头未减，跨国整合表现出前所未有的活跃度。根据清科研究中心的数据统计，2015年我国并购市场跨国并购共完成481起，占并购总交易量的15.7%，虽然活跃度远低于国内并购，但在金额规模方面出现大幅上扬，2015年跨国并购共涉及交易金额1 414.63亿美元，较2014年的976.2亿美元上升33.7%，平均交易金额高达6.82亿美元。此外，由于我国外汇储备数额庞大、投资过剩和产能过剩等现象的存在，国内市场有些已经趋于饱和，相信在未来几年，伴随着全球市场的复苏和中国"一带一路""走出去"战略的进一步深化，人民币的国际购买力会逐渐提升，跨境交易会日益增多，跨国并购整合在我国产业整合活动中的占比将会越来越大。

二、产业链整合、产业协同与转型升级成为并购主流

2007—2015年我国并购市场共发生6 451起并购案例，交易总额达7 583.94亿美元。2011—2015年我国并购市场交易行业分布（按被并购方）信息显示，近年来，能源及矿产、房地产和机械制造行业表现一直很活跃，并购交易数量连续多年位居前列，交易总量占到了全部并购活动的三成左右；金融行业虽然交易数量并不占优，但涉及的并购金额很大，且增长十分明显；生物医疗、清洁技术、电子等行业的并购活动一直发展稳定，热度不减。这些趋势与我国淘汰落后产能，深化垄断行业改革，提升产业创新能力，促进战略性新兴产业发展以及加强相关产业联动发展等战略目标相吻合。随着我国市场经济的迅速发展，在传统产业领域，上市公司主要通过横向整合和纵向整合来对产业链中的优质资源进行整合，逐步消化过剩的产能，促进产业转型升级。在新兴产业领域，上市公司积极利用资本市场平台进行新兴产业并购。例如，以医疗、清洁技术为代表的行业通过横向整合拓宽产品线，进入新市场；以TMT为代表的行业通过纵向整合延伸产业链，向上下游拓展，进入细分行业。根据这一发展现状，以及纵向整合有利于增强企业的产业链薄弱环节、提升整体产业发展水平的特点，可以预见，未来纵向的产业链整合将成为我国产业整合发展的重要方向。

2015年作为"十三五"规划的谋定之年，也是中国经济进入新常态的起始之年，GDP增长首次进入7%以内的平缓增长状态。在2015年中，多家巨头开始频繁在境内外开展产业协同性并购。总体而言呈现出以下两个方向：第一个方向是基于自身行业地位的巩固和产业能力的升级。例如香港和记黄埔公司4月宣布以102.5亿英镑收购西班牙电信公司Telefonica旗下的英国移动运营商O2，美团与大众点评10月宣布合并成立新公司美团点评等；第二个方向是基于自身产业相关性协同与平台转型，例如阿里巴巴10月全资收购优酷土豆加码电影产业，中国化工3月宣布70亿欧元并

购世界第五大轮胎巨头倍耐力等。2016 年随着"全面深化改革""中国制造 2025""互联网＋"等战略的推进，在我国产业周期性转换的大环境下，产业协同和传统产业转型升级将成为 2016 年以后并购市场的主导方向。

三、新兴行业整合持续升温，互联网资源整合成为核心主题

2010 年我国提出要大力发展节能环保、新一代信息技术、生物、新能源等七大战略性新兴产业，此后的"十二五"规划和十八大报告中，发展战略性新兴产业也多次被重点提及，近年来这些新兴行业已成为我国资本市场关注的焦点。2013 年以后，以 TMT、生物技术、医疗健康等新兴产业为主的并购整合活动异常活跃，这得益于国家相关政策的鼓励以及政府对经济转型和产业升级的支持。根据国务院确定的总体目标，到 2020 年，我国战略性新兴产业增加值占国内生产总值的比重将分别达到 8% 和 15%。相信在未来一段时间，新兴产业同行业间、产业链上下游之间甚至跨行业的整合都会得到加强，新兴产业的发展规模和效益也将得到进一步提升。与此同时，我国互联网行业的整合和迅速扩张也十分引人关注。2015 年，我国互联网行业共完成并购案例 87 起，同比上升 38.2%；涉及交易金额 62.51 亿美元，是 2012 年的 20 倍多。可见，互联网行业整合与重组的大幕已经开启。

在"互联网＋"主题不断升温的当下，虽然拥抱互联网有利于推动新兴产业发展、加快产业转型升级，但目前很多互联网公司普遍存在融资虚假、估值过高、布局偏激、商业模式模糊、盈利能力局限等问题，而这些问题在未来一段时间内极可能成为行业过度发展的后遗症，这一症状在 P2P 和 O2O 行业已经初露端倪。随着市场回归理性，互联网产业资源的争抢将从"烧钱竞赛"中苏醒，开始真正地向核心优势企业聚集，而存在资源整合优势的企业，将开始通过进一步的并购和资源平台搭建，寻求经营瓶颈的突破和自身生态平台的完善。尽管从市场角度来说，资源整合是有

利的，可以减少摩擦，改变互联网公司碎片化的营销模式，降低品牌、产品的宣传成本和补贴成本，从而引导行业规范有序发展，但整合也会带来行业性垄断。例如，据市场公开数据显示，滴滴、快的合并前分别以56%、43%左右的比例占据中国打车 APP 市场份额领先位置，合并后双方之间的争斗告一段落，新公司市场份额占比超过 90%，抵抗风险的能力倍增，从而能更好地应对监管危机；但与此同时两家巨头合并成为寡头，将使得行业里其他中小企业难以存活，失去了竞争对手，寡头也容易丧失创新动力。

对于互联网行业而言，并购带来的是布局的完善，但同时也是瓶颈的再生，因此对于互联网公司自身生态平台的布局搭建，未来寻求何种创新增长模式，是整个行业在下一轮并购浪潮中需要重点考量的方面。

四、配套政策的出台将影响并购整合的发展方向

为配合国家财政政策、加快经济结构转型、淘汰落后产能，从 2013 年10 月 8 日起，并购重组审核分道制开始实施。证监会对于企业并购重组的行政许可申请实行差异化审核，即根据产业政策和交易类型的不同，综合考察申请企业的规范运作状况、诚信状况以及财务顾问的执业能力，对符合标准的并购重组申请实行豁免审核或快速审核。这一举措将大大提高行政审核的效率，为活跃的企业并购整合市场再次注入活力。活跃的并购市场也为并购基金的发展提供了丰富的标的资源和市场基础。根据相关统计数据显示，2015 年，中国国内私募机构共募集并购基金 41 支，募集总金额达 57. 48 亿美元。在西方发达国家的资本市场中，并购基金早已经成为私募股权投资市场中的主流基金形式，相应的投资策略和操作方式已较为成熟。相信在不远的将来，活跃的并购市场定会为我国的并购基金提供更多的投资机会，并购基金也将通过参与产业整合的方式切实推动我国"调结构"这一产业经济发展目标的实现。

第二部分 产业并购机会

第一章　金融业：互联网金融将成为并购爆发点

2013 年被称为互联网金融的"元年"，以余额宝、P2P 借贷为代表的新兴金融业态忽然爆发，引起行业内外及普通大众的强烈关注，促进了互联网金融的业务普及和创新探索。在此之前，第三方支付（尤其是网络支付和移动支付）、网上金融超市、金融垂直搜索、投资理财网络社区等互联网化的金融服务已经出现，但人们并没有把它们放入"互联网金融"的总体框架下进行观察和讨论。

互联网金融概念的浮现，意味着互联网开始深度"侵入"金融行业。在持续整合媒体、商务、物流、制造等"外围"行业之后，互联网的基础设施、技术能力、运营策略和思维方式逐渐挺进现代经济的核心行业：金融。目前，一般认为互联网金融的业态包括：第三方支付、P2P 借贷、众筹、虚拟货币、大数据征信、直销银行、互联网理财、网络资产交易、金融垂直搜索等。

一、互联网金融的新特点

从前、中、后三个层次分析这些金融新业态，可以发现互联网金融相对于传统金融的变化特点，体现为以下几个方面：

第一，资金来源的线上化。这种线上化不仅仅指投资理财用户通过网银支付、第三方支付渠道从网络汇入资金，更表现为投资理财用户本身大多从线上获取。人们从搜索引擎、网络广告、网络媒体等渠道知晓、了解投资理财产品并进行线上购买。这种用户获取方式与电子商务更加类似，使得互联网的流量经营思路开始从用户角度改变传统金融的资金获取来源。

第二，支付渠道的线上化。典型表现为第三方支付，依靠互联网进行资金的高效、低成本流通。虚拟货币同样是支付渠道线上化的一个体现，它试图脱离任何实体金融机构实现货币资源的生产与流通，把货币与支付渠道合二为一，从而获得更加高效的线上资金调配能力。支付渠道的线上化与资金来源的线上化互为表里、互相促进。

第三，交易结构的多样化。以众筹、P2P 借贷、网络资产交易为代表的点对点交易结构弥补了单一的集中式交易结构的不足。它一方面降低了金融交易的门槛，另一方面借助大数据、智能技术、网络渠道等手段改善了金融产品的风险结构，使得之前难以实现的金融需求可以借助新技术、新结构得以满足。

第四，产品设计的多层次化。传统金融产品的设计主要由资产生产方提供，再由专业金融机构以基金、资产组合、理财计划等形式进行二次设计。限于严格的金融监管和烦琐的设计流程，这些设计多依据资产的自身特点而定，较少考虑投资端的需求。在资金来源线上化之后，大量投资理财用户的需求成为主要考量对象，互联网投资理财平台逐渐介入产品设计，依靠需求洞察和快速迭代不断推出、改进新产品，形成了定制化的趋势。这一新的产品设计层次，因为能够灵活地适应客户需求，可能为整个金融业带来极其深远的改变。

第五，资产生产主体的多元化和技术化。用户需求多元化带来新资产需求，金融改革和监管包容将促进更多机构介入资产的生产，以丰富资产供给（例如 P2P 平台、小贷机构对小微信贷资产、供应链资产的挖掘）。而在生产资产的过程中，大数据技术、云计算技术、智能技术将被逐步应用以降低资产生产成本，提高风控水平。

以上变化趋势已经在互联网金融的并购层面中有所体现，最为典型的是阿里巴巴收购天弘基金。2013 年 10 月，浙江阿里巴巴电子商务有限公司（浙江阿里）宣布将向天弘基金注入 11.8 亿元人民币，持有 51% 的股份，成为控股大股东。这次收购起源于阿里巴巴与天弘基金在余额宝产品上的深度合作。天弘基金作为持牌机构，本身具有传统金融产品设计的资格与能力。但阿里巴巴从用户体验、流动性、便利性的角度对天弘基金的增利宝进行二次设计，使之一炮打响，成为互联网与金融深度结合的创新型典范。

在展现出互联网金融的强大威力之后，阿里巴巴收购天弘基金便顺理成章。基金公司除了生产目前蔚为主流的货币基金，同样可以生产债券基金、股票基金，更可拥有基金子公司、资产管理公司等热门金融资源。互联网企业并购基金公司之后，可以方便地获得资本市场和大资管市场的人口，打造金融服务闭环。

另外一例数据公司与证券公司的并购案例，则显示传统金融机构向互联网金融转型的努力与想象力。2004 年 8 月，湘财证券的股东证实了上海大智慧收购湘财证券的传闻，大智慧及其全资子公司拟通过向湘财证券股东非公开发行大智慧股份及支付现金的方式购买湘财证券 100% 的股份。

大智慧作为一家数据与软件公司，拥有大量的数据，却受制于牌照而无法实质性深入证券业务。收购湘财证券后大智慧拥有了证券牌照，可以接触更多的业务范围。而借助于传统金融机构，数据公司的大数据更容易应用和落地，为双方用户提供更加多样化和专业化的服务，进而实现传统金融机构线下客户的迁徙，形成真正以互联网为基础的业务平台。

除了上述传统意义的并购，风险投资、行业投资、企业合作等事件在互联网金融领域更是层出不穷。例如在 P2P 借贷领域，从 2013 下半年开始，VC 和 PE 对 P2P 借贷平台的投资已经超过 15 起，2014 年 6 月就有 5 起，投资额最低为数千万人民币，最高达上亿美元。而在热度渐涨的众筹领域，风险投资事件也达到了 3 起以上。值得注意的是，这些行业的投资者中开始出现国有企业乃至金融机构的身影，即使在监管政策不明、存在政策风险的领域，国有资本、金融资本也已经在积极谋划布局，以便抢占"先机"。

二、三种模式、五个层面

（一）三种模式

梳理互联网金融领域的并购，可以发现存在三种并购模式：互联网行业并购、金融业并购和跨界并购。

1. 互联网行业并购模式

互联网行业并购模式类似于互联网企业之间的并购，表现为互联网行业典型的"赢者通吃"效应，具有流量入口和用户资源优势的领先互联网企业以大吃小，不断挤压同类企业的生存空间，在合适的时机并购后者；或者优势互补，依靠巨大的流量资源吸引配套企业，获得后者的专业能力和用户资源，形成服务闭环和流量闭环。国内以阿里、腾讯、百度为代表的互联网巨头在互联网行业进行的大规模收购案例多具有此类特征。例如阿里入股快的打车、腾讯入股滴滴打车，无不是在为其第三方支付渠道拓展应用场景，逐步实现从应用到支付到更深层次金融业务的多领域覆盖。

2. 金融业并购模式

金融业并购模式的特点在于主要从金融资源整合、资产生产的角度扩大自身的金融业务范围。它类似于金融业的混业并购，一个金融集团为了突破混业经营的限制，通过并购获得多样化金融业务的经营资格。这一现象在民间金融控股集团表现得尤为突出，例如某些公司通过自营或并购，汇集了小贷、担保、基金销售、保理、典当等多张牌照，在集团层面实现混业经营，并借助互联网平台获取资金入口。某 P2P 借贷平台收购中国典当联盟网，通过互联网平台实现典当资产的"上网"，即是这个模式的典型代表。

3. 跨界并购模式

跨界并购模式表现为互联网机构对传统金融机构的直接并购，典型案例如前节所述的阿里巴巴收购天弘基金、大智慧收购湘财证券；也表现为国有企业、传统金融机构对互联网企业的投资或并购，如广发证券旗下直投子公司广发信德、上海科技投资公司对 P2P 平台的股权投资等。跨界并购体现了互联网机构与传统金融/资本机构的深度对接和整合，是互联网金融持续、深入发展的结果，必将对互联网金融产生更加深远的影响，在这三种模式中，尤其值得关注。

（二）五个层面

互联网行业并购、金融业并购和跨界并购是互联网与金融之融合在机构和资本层面的表现，回顾前文互联网金融对于传统金融的变革，我们预计未来互联网金融领域的并购将落实于以下几个层面：

1. 资金来源线上化带来的流量端的并购

即使是拥有丰富流量的互联网企业，仍然需要低成本的投资理财用户流量资源。尽管投资理财已经呈现出明显的线上化、大众化、平民化的趋势，但其专业程度仍然显著高于电子商务、网络教育等行业。传统的投资理财用户多活跃于专业社区、理财门户、投资平台等。互联网金融企业要扩展用户范围，除了培育已有用户，同样需要从各种理财渠道获取新用户，因而与这些渠道存在合作的需求，进而有并购这些渠道的可能性。

2. 支付渠道线上化带来的支付企业并购

大型的互联网机构大多已经拥有了自己的第三方支付渠道，但其支付布局还远称不上完善。拥有特色支付渠道、创新性支付技术的公司仍然可能成为互联网企业的并购目标。另一方面，传统金融机构在金融交易线上化的过程中同样有第三方支付渠道的获取需求，普通互联网金融企业以支付为核心打造全方位的互联网金融服务，也需要并购某些第三方支付公司。

3. 金融范围扩大化带来的消费服务类企业并购

支付行为线上化之后，传统上不属于金融范畴的业务也被归入金融业务，例如各类移动商务、生活服务、消费服务所涉及的现金支付、信用支付等。围绕其中某个消费场景进行服务的软件可能成为撬动消费行为上网的支点，由此支点衍生出大量的金融需求。开发、运营这些服务软件的企业会因其拥有的用户资源和金融开发潜力而成为互联网金融企业的并购对象。

4. 产品设计的多层次化带来的金融服务类公司的并购

互联网金融企业多脱胎于互联网公司，金融人才相对匮乏。要介入产品设计以及后台管理，需要相关金融服务类公司的协助。互联网金融企业一方面可以通过收购传统的金融机构直接获得相关人才，也有可能收购相关的服务类公司，例如金融 IT 类企业、金融咨询公司、金融法律服务公司等。从未来的发展来看，金融产品的设计和管理能力关乎互联网金融企业的成败，此类并购案例已经出现（例如浙江融信对恒生电子的收购）。

5. 是资产生产主体的多元化和技术化带来的金融资源类公司的并购

在充分满足用户多样化需求的目标下，互联网金融企业必须控制或拥有金融资产生产方，方能形成从资产生产到产品设计再到产品销售的完整链条。任何有助于互联网金融企业控制或生产金融资产的企业都有可能成为前者的并购对象，例如传统金融机构、民间金融机构、数据资源公司、资产经纪公司、资产交易所乃至其他互联网金融机构等。

互联网金融不仅仅表现为交易渠道的线上化，也不仅仅表现为金融业务的网络化，它依托金融改革和金融自由化的背景，借助网络连接和先进的信息技术、数据技术和智能技术，实现金融参与群体的扩大、参与深度的拓展，以更加有效地激活金融需求、大幅度提高金融资源的配置效率，把金融从一个日益外生于经济的行业重新导入为内生行业。它实质上是互联网技术、思想、经济与金融业的深度融合。从这个角度来看，任何有助于这一融合过程的企业，都有可能成为互联网金融行业的并购对象。

因此，尽管目前互联网金融的并购已经令人眼花缭乱，但它源于金融革新的内在要求，将持续极长的周期，并非昙花一现的热潮。在此周期内还存在着不计其数的商业机会，会导致大量的并购需求。从上述分析可以合理预期，无论是近期还是长期内，互联网金融的并购案例都将源源不断地出现。

第二章　互联网并购的趋势与迭代

一、BAT 的"军备竞赛"

互联网企业因其高成长和快速迭代的特征，天然就是并购活跃的领域。而在中国，提到互联网并购热潮，BAT（指百度、腾讯、阿里巴巴）是大部分互联网企业都难以绕开的话题。2013 年，收购已经成为 BAT 竞争的主旋律。91 无线、糯米、PPS、新浪微博、高德、搜狗……一家家企业以各种方式"站队"，归入三巨头麾下；而到了 2014 年，BAT 的土豪式收购仍在继续升温，甚至合纵连横（比如，万达、腾讯、百度成立电商公司），在移动互联网和改造传统行业方面加快速度攻城略地。

阿里巴巴在赴美上市前，展开了"疯狂的"投资与并购。仅仅 2014 年以来，就包括地图公司（高德）、浏览器（UC）、金融（恒生电子、天弘基金）、视频网站（优酷土豆）、影视（文化中国）、足球（恒大足球）等。阿里巴巴不仅通过收购构建了一个移动产业生态系统，完善了商业生态体系，同时也提升了资本市场对阿里巴巴的信心。

对于被外界视作拿到"移动互联网船票"的腾讯，关键词从"收购"变成了"入股"，不论是大众点评、京东、丁香园、四维图新、58 同城，还是韩国游戏巨头 CJ E&M，腾讯都没有追求控制权，不仅借道微信"嫁女"，甚至还将自己的相关资产逆向注入自己的入股企业中，如腾讯电商业务与京东整合。

百度在 2014 年上半年公开的投资案例并不算多，但值得注意的是从入股万学教育到投资在线学习平台智课网，在 2014 年百度频频"落子"在线教育。此外，百度旗下爱奇艺还正式联姻华策影视。在海外市场，百度则以 1 000 万美元投资芬兰室内导航技术服务公司 IndoorAtlas。而百度 CFO 李昕晢也在年初的分析师电话会议上提及，在这一市场转型的关键时期，百度仍将不断扩大其平台布局，2014 年百度的战略投资方向为移动端搜索、云服务、LBS（基于位置的服务）、消费性产品以及国际业务等。

投资并购已成为互联网界的常态，而在一系列重大并购整合的背后，都有 BAT 三巨头排兵布阵的身影。2015 年"滴滴""快的"的合并是阿里巴巴和腾讯向百度地图发起的出行争夺；"58 同城""赶集"的合并，则是阿里巴巴、腾讯、百度的上门较量；"美团""大众点评"的合并，是资本市场以及腾讯想要称霸整个生活领域的联手之举；"去哪儿""携程"的合并，则是百度遏制美团和大众点评企图称霸的野心布局。

可见，BAT 三巨头展开"军备竞赛"的背后，多为弥补短板、多元布局移动入口、构建门槛、寻求更多变现手段等。这也从一个侧面反映了 BAT 三巨头在移动战场的新变化：曾经的 PC 互联网时代，阿里巴巴圈商业链、腾讯圈用户、百度圈流量；当 BAT 的"圈地运动"从传统 PC 互联网转向移动互联网时，腾讯已经凭借微信拿到"船票"；借助于多笔投资，阿里巴巴正在补齐社交与移动短板，抢占入口；而主打技术优势的百度，移动布局也使出组合拳。

二、股权投资重兵布局

2015 年 IPO 停摆长达 4 个月之久，并购成为 VC/PE 的重要退出渠道。与此同时，互联网、IT 行业强强合并及巨头行业布局，促使 VC/PE 参与的并购案数量不断上升。

清科研究中心的数据显示（见表 2 - 1），2015 年共有 1 277 起 VC/PE 参与其中的并购案例，与 2014 年的 905 起相比较大幅度上升了 41.4%；其中实际披露金额的交易共计 1 128 起，涉及的金额达到 5 893.36 亿元，同比涨幅高达 39.9%。

表2-1　2015年VC/PE相关并购行业分布（按被并购方）

行业	案例数	比例	披露金额的案例数	并购金额（人民币亿元）	比例	平均并购金额（人民币亿元）
互联网	223	17.5%	174	1 368.04	23.2%	7.86
IT	179	14.0%	138	249.71	4.2%	1.81
生物技术/医疗健康	115	9.0%	112	423.38	7.2%	3.78
机械制造	96	7.5%	93	206.44	3.5%	2.22
电子及光电设备	92	7.2%	83	220.65	3.7%	2.66
金融	85	6.7%	75	369.11	6.3%	4.92
清洁技术	72	5.6%	71	267.62	4.5%	3.77
电信及增值业务	72	5.6%	55	221.41	3.8%	4.03
娱乐传媒	54	4.2%	52	668.15	11.3%	12.85
能源及矿产	45	3.5%	44	157.86	2.7%	3.59
房地产	38	3.0%	35	819.85	13.9%	23.42
建筑/工程	36	2.8%	36	141.33	2.4%	3.93
汽车	29	2.3%	28	311.02	5.3%	11.11
化工原料及加工	28	2.2%	28	53.13	0.9%	1.90
食品＆饮料	21	1.6%	20	19.74	0.3%	0.99
连锁及零售	21	1.6%	20	195.21	3.3%	9.76
农/林/牧/渔	14	1.1%	14	34.50	0.6%	2.46
物流	10	0.8%	9	8.19	0.1%	0.91
半导体	9	0.7%	8	62.39	1.1%	7.80
教育与培训	7	0.5%	5	16.03	0.3%	3.21
纺织及服装	5	0.4%	4	7.99	0.1%	2.00
广播电视及数字电视	3	0.2%	3	12.02	0.2%	4.01
其他	23	1.8%	21	59.59	1.0%	2.84
共计	1 277	100.0%	1 128	5 893.36	100.0%	121.83

资料来源：钱浩 清科研究中心　私募通，2016年1月

　　从行业分布来看，2015年的1 277起VC/PE相关并购交易主要分布于互联网、IT、生物技术/医疗健康、电子及光电设备、清洁技术等23个一级行业。从并购数量方面的统计得知，排名第一位的是互联网行业，共发

生 223 起并购案，占比 17.5%，；而 IT 行业则以 179 起案例数紧跟其后，排名第二位，占比 14.0%；第三名则是生物技术/医疗健康行业，共完成交易 115 起，占总案例数的 9.0%；统计排名前三位的行业总并购数量共计 517 起，同比增长了近九成。另外，从并购金额方面的统计数据可见，互联网、房地产、娱乐传媒行业分别位居前三位，涉及交易金额分别为 1 368.04 亿元、819.53 亿元和 668.15 亿元。

经统计，2015 年中国共发生了 2 075 起天使投资案例，同比增长 170.9%。披露的金额超过 101.88 亿元人民币，同比增长超过 214.9%。2015 年天使轮平均投资额已达 491 万元人民币，与 2014 年的 422.32 万元人民币相比较同比增长了 16.3%。

2015 年互联网、电信及增值业务以及 IT 行业仍为中国天使投资人的主要投资行业。其中互联网行业共发生 1 030 起投资案例，共披露金额 51 亿元人民币。电信及增值业务共发生 327 起投资案例，披露金额 13.12 亿元人民币。IT 行业位居第三，共 181 家企业获得共计 9.2 亿元人民币天使投资。

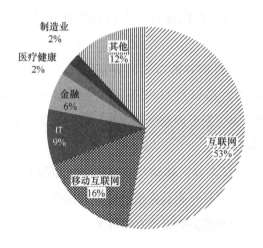

图 2 - 1　2015 年中国天使投资行业分布（按数量）

来源：私募通 2016.01

天使投资人更青睐于 TMT 行业的主要原因是互联网行业属于轻资产

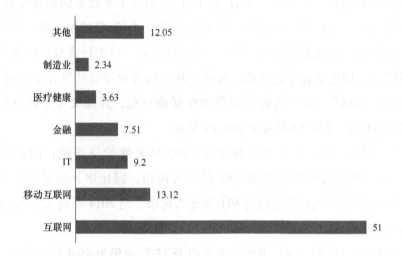

图 2 – 2　2015 年中国天使投资行业分布（按金额，人民币亿元）

来源：私募通 2016. 01

行业，企业所需资金规模较小，具有高成长性，未来发展空间较大，并且容易获得后轮跟进融资；另一方面，互联网行业创业者众多，创业门槛相对较低，这就意味着创业者可以很快验证想法是否可行并且付诸实践。

基于各大互联网投资并购版图的观察研究，互联网金融、软硬件结合、车联网、toB 类产品以及 O2O 垂直细分领域（如在线教育、在线医疗、互联网金融）也引发了创业热潮，与此同时，基于微信平台的第三方服务也成为一大投资亮点。

随着首批 4G 牌照发放，移动互联网的应用和服务正在不断升级，特别是手机网游、手机视频等此前流量消耗较大的领域，有望实现用户和流量的爆发式成长，与此相关的投资有望提速。

三、七大细分领域

互联网是个大概念，具体到细分市场，我们选择八个领域来分析投资并购机会，其中，互联网金融在上一节中已有详述，此处从略。

（一）在线教育

在线教育是少数未被互联网广泛开垦的领域。当前，教育资源分布不均衡、白领和学生或主动或被动型的碎片化学习需求等原因，都令在线教育成为互联网热点关注的领域。

国泰君安证券测算，到 2017 年这一市场规模有望达到目前的 3 倍。一方面，我国教育行业支出与 GDP 比值不到美国的 1/2，仅为印度的 3/4，未来教育支出仍有巨大的提升空间；另一方面，我国互联网渗透率由 2008 年的 23% 提升至 2013 年的 45%。

作为 O2O 领域的一个争夺焦点，互联网巨头正低调推进在线教育，但各家布局模式却不尽相同。

欢聚时代的做法类似于在线教育领域的淘宝，老师对应卖家，用户对应买家。在 100.com 平台上，老师开直播房间，直接与用户互动；阿里巴巴的做法是垂直切入 + 开放平台整合，如领投了 B 轮融资的在线教育网站 TutorGroup 切入的是英语培训领域，阿里旗下的淘宝已开通了主打视频直播的"淘宝同学"平台；百度切入的方式是多点建设平台加多点投资，一方面搭建百度文库、百度教育平台，另一方面则接连投资教育机构万学教育和在线教育网站智客网；腾讯的模式则是与新东方联手成立合资公司。

除了巨头的布局外，在线教育领域的细分化市场同样值得关注。如除了 K12 教育（指幼儿园到高中的基础教育）、高等教育外，各类学前教育、职业教育、兴趣教育等细分领域。

但与此同时，在线教育市场相对"慢热"，对教学内容的质量和产品的交互有很高的要求，初期投入成本较高，目前多数仍在烧钱，尚处于初级阶段。

（二）在线医疗

春雨移动获得 C 轮 5 000 万美元融资后不久，医疗健康互联网公司丁香园宣布获得腾讯战略投资，投资规模为 7 000 万美元。不到半个月的时间，国内围绕互联网医疗健康的投资金额就超过 1 亿美元。

信息不对称、服务不深入,是目前医疗健康行业的痛点。特别是网络上充斥着大量的"虚假医疗健康信息"。在线医疗平台的优势在于深度专业耕耘的医疗交互平台、移动特性以及大数据上的优势,将专业的内容和服务与广大的用户结合,能够产生更大的价值。

此前,百度与智能设备厂商和服务商联手推出"北京健康云",与百度云形成无缝对接,用户通过这些健康感知设备,实时监测到自身的健康数据;阿里推出"未来医院"计划,开始其移动医疗战略,通过支付宝对医疗机构开放自己的平台能力,包括账户体系、移动平台、支付及金融解决方案、云计算、大数据平台等,目标为帮助医院提高运转效率,优化医疗资源配置;小米顺为基金也在不久前入股九安医疗,打造移动健康云平台。

无论 BAT 还是小米,它们的医疗布局都是在发挥其自身优势的前提下进行的,目前还谈不上谁更有优势、更有前景,换句话说,仍处于格局未定的状态。

而在 2014 年 8 月,经济学人智库曾发布一份报告称,中国已在 2013 年超越日本,成为全球第二大医疗健康市场,到 2018 年,中国年度医疗保健支出可能将达到 9 000 亿美元。

特别是目前中国移动医疗产业的市场规模正逐年增长,从宏观环境来看,国内人口老龄化的问题日渐凸显,医疗资源的供需缺口明显扩大,各大厂商目前都在拼资源和技术,在产品不断研发、优化的过程中,业内的跨领域布局也将成为投资热点。

(三) 在线旅游

从老牌 OTA (Online Travel Agent) 厂商携程、艺龙,到垂直领域穷游、面包旅行、我趣旅行网等创业型公司,再到 BAT 在在线旅游领域的战略投资、并购等布局,正处于高速成长期与变革期的在线旅游,是互联网领域竞争最为激烈的市场之一。

易观智库数据显示,2013 年中国在线旅游市场规模达到 2 180.3 亿元,预计 2014 年会达到 2 798.2 亿元。特别是我国旅游消费市场以 10% 的速度稳步增长，预计 2014 年将达到 3.3 万亿元规模，未来两年复合增速预计将达 24.2%，而在线旅游行业也将随之高速成长。

但值得注意的是，2013 年我国在线旅游渗透率仅为 7.5%，远远落后于英国、美国等发达国家，低渗透率的背后是潜在的巨大的市场空间。根据相关规划测算，到 2015 年在线市场的渗透率将提升至 10.5%，正式进入爆发式增长阶段。

而伴随着在线旅游的不断成长，相关产品愈加多元化。一方面，更加细分的市场成为被关注的热点，如腾讯在战略投资艺龙和同程网的基础上，不久前领投专注个人出境游网站我趣旅行网。另一方面，在产业链方向延伸，在线旅游背后的信息管理系统也在成为投资热点。以阿里巴巴为例，在近两年加快在旅游产业链上的布局后，目前"淘约组织"已初具规模，旗下成员包括：淘宝旅行、美团网、高德地图、一淘网、穷游网、佰程旅行网、在路上、石基信息等，涉及电子商务、在线地图、导购、在线旅游资讯、信息管理系统等在线旅游的多个领域。

（四）手机游戏

作为互联网最赚钱的商业模式之一，自 2012 年资本市场点燃了"手游概念"之"火"后，手游的并购热度近年来从未减弱。

投资银行 Digi – Capital 的最新报告显示，今年第一季度，游戏业并购已经突破了 50 亿美元，这几乎达到了 2013 全年的水平（56 亿美元），这主要得益于北美公司以及亚洲公司，而手游开发商继续成为投资者最为关注的目标。从这一点可以看出，手游并购潮，已是全球趋势。

据统计，2013 年全年 A 股共有 20 家上市公司发起 22 次有关网游的并购，其中 14 次为手游收购，涉及并购金额 194.69 亿元；而截至 2014 年 9 月，国内 A 股上市公司就发起了 18 起与游戏业相关的并购交易，总金额超过了 2013 年全年。

在这股手游并购潮中，有不少传统企业投资手游的案例，其原因很大程度上在于，手游有足够的赢利能力、现金流状况好、概念佳，或与自身业务产生协同，或为进入全新的手游领域而选择收购。

以北纬通信为例，目前从公司手游收入占比看，手游已经超越电信增值业务，成为其最主要的收入来源；而华谊兄弟旗下游戏公司银汉科技也成为华谊业绩的维稳利器。

手游的并购仍存在较大空间，尤其在游戏研发与游戏发行渠道等环节。但与此同时，由于游戏行业竞争激烈，变化更新快，对于投资者而言，需要警惕那些缺乏业绩支撑，仅靠炒作手游概念拉升股价而进行的并购。

从 2014 年上半年手游概念股公布的中报数据来看，并非皆大欢喜。上证资讯统计，目前 58 家手游概念公司中，剔除续盈的公司，其中报喜的有 24 家，占比 50%；报忧的有 19 家，占比近 40%。

（五）可穿戴式设备

在苹果 iWatch 面市前，可穿戴式设备的热潮早已袭来。从科技巨头谷歌 Google Glass，到三星智能手表、百度的筷搜，再到中国市场形形色色的可穿戴式设备创业团队，大家都在"摸着石头过河"。

可穿戴设备市场潜力不小，美国信息咨询机构 HIS 的报告称，预计到 2016 年可穿戴设备销量可以达到 940 万台，这些可穿戴设备包括智能眼镜、手腕带和手表。

而根据瑞士信贷的估算，凭借先进的语音技术、生物识别技术、通信技术、云存储和功耗，智能手表和其他可穿戴设备的市场价值将在 2017 年达到 500 亿美元。

但一个不能回避的现实是，目前国内的可穿戴式设备普遍处于"尝鲜阶段"，从购买人群来看，大多集中在尝鲜的人，也就是发烧友，而不是"解决实际问题"的阶段。这也是可穿戴式设备成为资本市场关注热点但投资规模并不大的原因之一。

就在 2014 年 8 月，MIT 人类动力实验室主任、可穿戴设备先驱阿莱克斯·彭特兰（Alex Pentland）就曾表示，"我并不带可穿戴设备，因为现在它们并不能给我真正所需的信息。"他认为，可穿戴设备的未来，不是衡量自己，而是要测量你和其他人的互动，测量你作为一个社会性的动物的方方面面。

这也意味着，可穿戴式设备能否真正找到"着陆点"，一方面要看创新的程度有多大，自身技术实力有多过硬，另一方面要看其是否符合人群真正实际的需要。此外，可穿戴式设备从硬件生态到软件生态的建立仍需时间。

尽管目前可穿戴式设备呈现出蜂拥而上的局面，但这是市场竞争的正常现象，一定周期内将实现自然淘汰，而从大趋势来讲，这一领域仍被外界十分看好。

（六）车联网

尽管 2009 年就被称作"车联网"元年，但 5 年时间过去，车联网的热度从来没有减弱。特别是随着智能硬件的不断演进和发展，宝马、奔驰、奥迪等在内的众多汽车厂商早已跃跃欲试，搭上高科技的快车，推出智能化应用的汽车。

不仅仅是传统汽车企业，在智能手机市场拿下近八成份额的谷歌 Android 操作系统，已经把目光瞄向了最大的移动设备——汽车，首批整合了 Android 系统的汽车预计将会在 2014 年年底上市。

芯片厂商高通也宣称 2014 年将押注平板和联网汽车，正式发布了汽车级信息娱乐芯片组——骁龙 602A 应用处理器，拓展其面向汽车的产品组合。

市调机构 Gartner 副总裁 ThiloKoslowski 预期，2014 年将成为高级车种导入基本联网功能的时间分水岭，而至 2016 年，一般车种将逐步跟上联网风潮。预估至 2020 年年底，成熟汽车市场所销售的新车中，将有逾 8 成的车种配备联网功能。

而在汽车领域，与车相关的服务和应用如打车、租车、代驾等已经迅速拥抱互联网，再往下走有很多很重的环节如 4S 店、OEM 等 toB 业务目前已经开始积极地和互联网接触，其中可能会产生投资机会。此外，车联网的投资方向也包括车联网技术、智能汽车技术和互联网本地化服务类企业等。

GSMA 和市场研究公司 SBD 发布的报告显示，到 2018 年，全球车联网的市场总额将达到 390 亿欧元，2015 年全球超过 50% 的车辆需要提供车联网服务，2025 年以后每一辆新生产的汽车都需要提供车联网服务。但目前，车联网在全球市场的渗透率不到 10%，我国国内市场不到 5%。今年也被外界视作是中国车联网落地元年。

（七）企业级市场

尽管企业级市场并非新鲜事物，但从 2014 年开始，不管是资本市场还是互联网大佬，都开始紧盯这个领域。

2014 年 7 月，专注于销售管理的企业级互联网服务提供商纷享销客获得由北极光创投领投的千万美元 B 轮投资；而互联网巨头腾讯的产品微信，触角也开始从个人用户延伸到企业门口，继订阅号和服务号之后推出企业号；微信企业号将在移动互联网上，为企业提供面向内部员工的管理、沟通和服务；奇虎 360 也开始发力企业级安全市场。

百度董事长李彦宏在一次公开场合表示，在中国没有特别大的企业级软件的公司。"原因一是过去中国劳动力成本很低，使用企业级软件的效应并没有起来，其二是很多企业老板并不用电脑，不会用 PC 提升效率。"

但李彦宏认为，目前制约中国企业级软件迅猛发展的上述两个因素正在发生改变，中国的劳动力成本上升非常快，每个老板都拿着智能手机，可以随时随地上网，自然会想到用企业级软件提升公司效率。以百度旗下去哪儿为例，青岛航空已经将票务系统外包去哪儿，依靠外部在线系统处理票务。

而这也代表一种方向，整个企业可以用新型的软件来运营，未来新的企业级软件不光要解决内部运转流程的问题，还应该解决企业从内部到外部链接的问题，包括怎么和客户打交道等，这些都是过去企业级软件无法解决的问题。

据易观咨询报告预测，未来几年中国企业级移动应用市场将迎来高速增长，预计 2016 年中国市场规模将达到 660 多亿，未来四年复合增长率达到 60% 多，企业级应用市场将成为移动互联网的下一个主战场。其中，移动应用开发商、终端厂商、企业用户等正在构成企业级应用产业的生态圈。

第三章 消费品行业并购机会研究报告

在消费升级、行业创新、政策刺激的影响作用下，我国消费品行业正处于快速变革时代，一些结构性机会已经或正在显现，并且在各路资本的带动下，行业并购活动十分活跃。

一、消费品行业的范围与特点

（一）消费品行业的范围

消费品行业包含的范围比较广泛，具体的细分门类较多。一般可以从两个角度总体认识消费品行业：一是从消费需求的角度出发，人们一般存在"食、衣、住、行、康、娱"等方面的消费需求，相应也就形成了食品、服装等具体行业（见表2-2）。二是从消费品的属性出发，消费行业大致包括快速消费品行业（主要是日常用品，消费者一般高频次和重复使用与消耗）、耐用消费品行业（使用寿命较长，一般可多次使用）、奢侈品以及消费性服务业（见表2-3）。

表2-2 从不同的消费需求理解消费行业

类别	涉 及 行 业
食	食品、饮料、烟酒
衣	纺织、服装
住	地产开发、建材家具、装饰装修、家用电器及其他轻工产品
行	汽车及零配件、航空、通信
康	医药、医疗及保险服务

续表

类别	涉 及 行 业
娱	旅游、信息服务、文化传媒、教育等
流通	零售商业

表2-3　从消费品的属性理解消费行业

类　　别	涉　及　行　业
快速消费品行业	食品饮料、个人护理、家庭护理以及烟酒等
耐用消费品行业	家用电器、数码产品、家具、厨卫用品、交通工具、房地产等
奢侈品	珠宝、时装、高端烟酒、名车、名笔、皮具、钟表、游艇等
消费性服务业	医疗、旅游、教育培训、餐饮酒店、零售、金融、传媒娱乐等

（二）消费品行业的一般特点

与其他行业相比，消费品行业具有以下几个方面的特征：

第一，消费品行业市场容量较大。某一消费品一旦进入大众化消费领域，其销售规模都非常大。由于市场庞大，消费品行业在市场上一般会存在大量的竞争者，因此普遍竞争激烈。

第二，消费品行业的市场敏感度很强，对多样、变化的消费需求高度敏感，可以说是一个产品更新迅速、市场需求不断变化的领域。

第三，部分消费品行业是很好的防御性投资品种。在周期性上，快速消费品行业都属于日常用品，需求弹性较低，能够超越经济周期持续成长，因而周期性较弱。而耐用性消费品、奢侈品和部分消费性服务业都有一定的周期性。

第四，消费品行业中规模优势和品牌优势显著。形成规模经济的企业在参与竞争时优势比较明显；同时，消费品也是一个品牌效应非常显著的领域，尤其是对快速消费品、奢侈品而言，已有品牌是新进入者最强有力的壁垒。

二、中国的消费趋势

概括来讲，我国消费的发展趋势主要受到三个方面因素的影响，具体如表 2 - 4 所示。

表 2 - 4　我国消费的主要发展趋势

影响因素		发展趋势	消费热点
消费需求	居民收入提高	发展型、享受型消费	交通通信、医疗保健以及居住支出未来有望获取较快增长，食品、衣着的增速相对较慢
		传统消费的高端化与品牌化	优质食品、品牌服饰、奢侈品消费以及购物中心、高档百货的发展有望加快
	人口老龄化	"银发消费"兴起	医疗保健、护理服务、家政服务、健康和疾病咨询服务等服务消费需求日益旺盛
行业供给	技术影响	新型消费模式逐步兴起	信用消费、租赁消费以及网络购物、手机购物等新型消费模式蓬勃发展
	新兴业态	国内市场刚刚启动的新兴消费潜力较大	电影、动漫、艺术陶瓷、游艇等行业具备朝阳行业特征，未来也存在持久的增长空间
市场环境	政策支持	扩大消费，引导消费观念	便利消费、实惠消费、热点消费、循环消费和安全消费

（一）需求方面：消费升级

改革开放以来，伴随着收入水平的提高，我国居民消费在不断升级。未来伴随着经济持续发展，我国居民的财富效应将进一步推动消费升级；同时，人口老龄化也将助推消费结构的进一步升级。总体上来看，未来消费结构的升级主要表现为三个方面：

1. 生存型消费将进一步向发展型、享受型消费转变

总体上，伴随着我国居民消费水平的提高，食品、衣服等必需品占比逐渐降低，交通通信、医疗保健、居住支出等耐用消费品以及旅游、传媒、娱乐等服务性消费占比进一步提高。

2. 收入水平的提高推动传统消费的高端化与品牌化

伴随着收入的增长，人们对高品质商品的需求、对消费环境和购物体验的要求不断提升，优质食品、品牌服饰、奢侈品消费以及购物中心、高档百货商店的发展有望加快。

3. 人口老龄化将带动"银发消费"

从日本的人口结构转变经历来看，20 世纪 90 年代进入老龄化社会后，日本家庭消费比重显著提升（见图 2 - 3）。我国当前处于人口老龄化的初期阶段，人口老龄化对消费的影响表现出正效应。同时，老年产品也将实现相对较快的增长，比如医疗保健、护理服务、家政服务、健康和疾病咨询服务等服务消费需求日益旺盛。

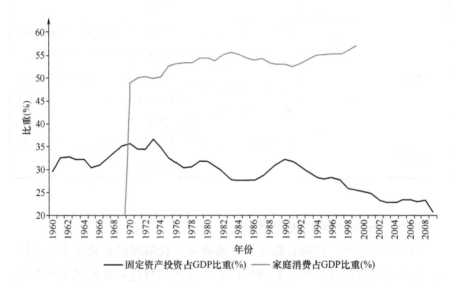

图 2 - 3　日本 90 年代进入老龄化社会后消费比重显著提升

数据来源：世界银行。

（二）供给方面：行业创新

伴随着新技术的应用，一些新兴行业、新兴产品能够更加有效地满足或创造消费需求，进而改变人们的消费模式，引领消费的潮流。这对于我国消费的影响主要表现为以下两方面：

1. 新型消费模式逐步兴起

互联网、移动技术正在向纵深方向发展，"80 后""90 后"新消费人口的异军突起也使得消费观念正在发生变化，由此，信用消费、租赁消费以及网络购物、手机购物等新型消费模式蓬勃发展。

2. 从国外成熟市场借鉴新兴业态

与发达国家相比，我国的一些消费业态还处于起步阶段。尤其是一些提升生活品质、凸显个性化的消费品在国外已经普及，而国内市场则刚刚启动，未来也存在持久的增长空间，比如，电影、动漫、艺术陶瓷、游艇等。

（三）市场环境：政策导向

国家鼓励、刺激消费的政策对消费的发展也会产生重要影响。从目前的政策导向来看，总体上是通过收入分配政策、社会保障措施以及直接刺激消费的政策来提高消费能力、增强消费意愿、进一步扩大消费。具体来看，通过对相关政策的梳理，将重点促进便利消费、实惠消费、热点消费、循环消费和安全消费等方面（详见表 2 - 5）。这些领域的消费有望在政策支持下实现相对较快的增长。

表 2 - 5　政策支持的重点消费领域

类别	具体要求	重点领域
便利消费	完善农村流通网络	• 加强乡村连锁店信息化改造和配送中心建设 • 增加医药、电信、邮政、金融等产品和服务，提升综合服务能力 • 鼓励有条件的地区发展乡镇商贸服务中心
	发展社区便民服务	• 发展社区商业中心 • 在新兴城镇、大型居民区规划建设社区综合服务中心
	培育新型消费模式	• 促进网络购物、电话购物、手机购物、电视购物、自动售货机等无店铺销售形式发展 • 发展折扣店、奥特莱斯等业态 • 促进刷卡消费 • 促进信用消费发展 • 大力发展租赁消费

续表

类 别	具体要求	重 点 领 域
实惠消费	发展现代流通方式	• 鼓励连锁经营向多行业、多业态延伸，推进特许加盟等连锁方式发展 • 支持企业物流配送中心建设，以大型配送中心为主体，发展第三方物流 • 加强商贸物流园区建设，完善冷链、配送等基础设施
热点消费	培育商品消费热点	• 巩固汽车、家电、家居用品、消费电子等热点商品消费，支持向新能源、新材料、高科技方向发展 • 扩大环保建材、节能家电、节水洁具、清洁能源等资源节约和绿色环保型商品消费 • 鼓励发展地方名特优产品，特别是丝绸、陶瓷等具有民族特色和传统文化特点的商品消费 • 科学引导金银珠宝、高档家具、收藏品等投资保值类商品消费
	培育服务消费热点	• 规范促进餐饮住宿、家政服务、文化健身、休闲娱乐等服务消费发展 • 加强新型消费服务设施建设，建设汽车宿营地、游艇码头、加油站、加气站、充电站等设施 • 推动商业与文化、教育、体育、旅游服务业的融合发展，支持文化产业园、艺术街区、国际品牌街、酒吧餐饮街等发展
循环消费	完善循环流通网络	• 推动建立再生资源回收体系
	推进商业节能减排	• 大力推广节电、节水、环保技术的应用 • 培育一批节能环保商店、绿色市场、绿色饭店、绿色园区示范企业
	倡导绿色消费理念	• 大力倡导文明、节约、绿色、低碳的科学消费理念
安全消费	完善流通追溯体系	• 以肉类、蔬菜、酒类等商品为重点，逐步建立全过程追溯体系

三、主要细分行业的并购机会

(一) 农业

农业主要包括种植和加工、种子、饲料、养殖、水产等，行业波动比较大，周期性比较强，产业链全、抗风险能力强的企业具有比较强的竞争优势。目前，农业企业大部分的赢利通过进销差价获得。规模化的企业相比小企业具有比较明显的成本优势和品牌溢价，龙头企业的份额逐步扩大，未来规模化发展的趋势非常明显。行业的总体进入门槛不高，但是进行规模化扩张的难度也较大。

在并购方面，农产品领域的并购近年来保持活跃态势，从交易数目来看有显著增加的趋势，仅 2014 年 1—7 月，农产品领域已经完成 16 起并购，均高于前三年全年的完成数量。从交易总价值来看，目前也保持在高位，并且正在进行中的交易涉及价值超过过去几年的总和（详见表 2-6）。

表 2-6 农产品领域并购情况

2014 年 1—7 月	交易数目	已完成	16
		未完成	11
	交易总价值—合计（亿元）	已完成	19.66
		未完成	341.8
2013 年	交易数目	已完成	6
		未完成	14
	交易总价值—合计（亿元）	已完成	17.13
		未完成	42.7
2012 年	交易数目	已完成	11
		未完成	11
	交易总价值—合计（亿元）	已完成	29.29
		未完成	10.77
2011 年	交易数目	已完成	15
		未完成	6
	交易总价值—合计（亿元）	已完成	97.04
		未完成	1.34

数据来源：WIND。

（二）食品饮料

食品饮料领域主要包括白酒、葡萄酒、啤酒、黄酒、其他饮料、食品加工、乳制品等。食品饮料行业的现金流好，赢利水平高。目前，白酒毛利率水平总体较高，一般食品公司净利率偏低；很多行业的龙头企业都已经是上市公司，强者恒强的趋势比较明显。未来，消费升级对行业的影响比较显著，比如乳制品的消费可能会进一步增长。

由于食品饮料行业的市场格局相对稳定，所以该领域的市场并购活跃度总体一般。其中，白酒领域的并购值得关注，2012年并购活动发生11起，2014年1—7月发生13起。由此可见，在食品饮料行业总体并购并不活跃的情况下，白酒领域是相对受市场关注的细分行业，其投资价值获得了市场的认可（详见表2−7）。

表2−7　白酒与葡萄酒领域并购情况

2014年1—7月	交易数目	已完成	5
		未完成	8
	交易总价值—合计（亿元）	已完成	2.52
		未完成	5.03
2013年	交易数目	已完成	1
		未完成	6
	交易总价值—合计（亿元）	已完成	0
		未完成	8.17
2012年	交易数目	已完成	9
		未完成	2
	交易总价值—合计（亿元）	已完成	74.96
		未完成	2.25
2011年	交易数目	已完成	1
		未完成	0
	交易总价值—合计（亿元）	已完成	0.24
		未完成	0

数据来源：WIND。

（三）纺织服装与奢侈品

纺织服装主要包括男装、女装、休闲服、运动服等。纺织服装行业周期性较弱，品牌服装的赢利水平较高。其中，存货和应收账款情况对企业影响较大。行业赢利的主要模式是通过产品竞争和渠道管控积累规模优势。纺织服装行业属于完全竞争行业，行业总体竞争激烈，尤其是运动装、女装。行业进入门槛不高，但现阶段创立新品牌难度较大。

奢侈品消费的景气度与居民购买力变化的相关性较强。奢侈品企业的赢利水平和现金流情况很好；赢利的关键是塑造品牌形象，提升品牌溢价能力，一般毛利率都非常高。行业竞争格局相对稳固，一个奢侈品品牌的创立周期相对较长，需要一定的时代背景。未来随着居民收入水平的提高，奢侈品的购买力会更加旺盛，行业仍能保持较为稳健的增长。

总体上来看，近年该领域的并购交易有限，服装、服饰与奢侈品行业2014年1—7月发生并购13起，完成10起。纺织服装领域竞争激烈，且进入门槛总体不高；奢侈品领域由于行业成长规律，并且格局比较稳定，因而该领域的并购总体并不活跃。

（四）家电等家庭耐用消费品

家电等家庭耐用消费品行业主要包括白色家电、黑色家电、厨房及小家电、上游零配件等。家电行业受到政策刺激和房地产销售的影响比较大，周期性也比较明显。行业赢利的主要模式是通过产品竞争和渠道管控积累规模优势。白色家电和黑色家电仍有比较多的国有企业，比如格力电器、海信电器、青岛海尔；民企的代表主要是美的电器；厨房及小家电主要是民营企业，比如苏泊尔、老板电器。目前，行业竞争格局比较稳定，各企业的市场份额基本稳定。未来，行业需求的增长空间有限，细分市场如高端智能家电等市场可能存在机会。企业将依靠内部管理、运营水平的提高而不是行业整体性机会实现增长。总体来讲，行业技术壁垒不高，但是创立新品牌已经很难，并且行业比较成熟。因此，该领域近年的并购也不是十分活跃。从数据上来看，家庭耐用消费品2014年1—7月完成并购10起，2013年完成并购8起。

（五）零售商业

零售商业主要包括超市、专业连锁、百货商场、购物中心等。总体上，零售商业的周期性较弱，赢利水平较高，现金流充裕。赢利模式主要是通过租赁铺位，按照面积获取租金或者采取销售额抽成方式。零售商业受网络购物的冲击较大，未来行业仍保持增长，但行业增速可能有所下降；竞争会进一步加剧，企业的商业运营能力是关键；业态上，百货商场与购物中心是未来的主流。

近年来，一方面商业地产发展迅猛，另一方面传统百货商店面临业态升级，这使得零售商业的并购相对活跃。2014年1—7月零售业发生并购交易55起，完成31起，涉及金额均较大，主要是服装零售与互联网零售两个领域发生了几起较大的并购。从细分领域来看，互联网零售、百货商店、汽车零售领域在2014年并购数量出现显著增加，属于高热点领域（详见表2-8）。

表 2-8　零售业并购情况

行业	2014 年 1—7 月				2013 年			
	交易数目		交易总价值（亿元）		交易数目		交易总价值（亿元）	
	已完成	未完成	已完成	未完成	已完成	未完成	已完成	未完成
零售业	31	24	173.76	338.21	4	2	24.71	1.67
消费品经销商	4	1	5.09	0.7	4	2	24.71	1.67
互联网零售	6	9	9.14	218.99	4	1	1	0.37
多元化零售	9	10	14.81	68.76	3	6	22.04	13.59
百货商店	9	8	14.81	59.87	3	5	22.04	13.15
专营零售	13	4	148.87	49.76	1	1	0.53	0.82
服装零售	2	0	130.01	0	0	0	0	0
汽车零售	6	2	9.25	20.52	1	1	0.53	0.82

数据来源：WIND。

（六）医疗健康领域

医疗健康领域主要包括中药、化学药、生物药、医疗器械、医疗服务。行业增长比较平稳，属于典型的弱周期行业。创新是行业发展的方向，生物制药发展前景很好，但是技术风险较高。目前，中药领域主要为国内企业，化学药领域由外企占据高端。医改中明确提出要压缩流通环节，未来医药流通行业发展的机会主要存在于行业整合和集中度的提高，大企业、龙头企业的机会较多。同时，一些专业服务连锁门店，如妇婴、眼科、口腔保健、网上咨询、健康管理等，还处于起步阶段，进入门槛相对较低。

近年来，医疗健康被市场各方颇为看好，是并购最为活跃的领域之一。尤其在医疗服务行业，目前国内以公立医院为主，但公立医院改革是大趋势，而且政策导向比较显著，收购机会较多，不少资本已经涉足进入，比如凤凰医疗、华润医疗、中信医疗产业基金等。同时，在医疗健康的其他细分领域，总体上也呈现出火热的态势。2014 年 1—7 月，医疗保健设备与服务、制药、生物科技与生命科学领域共发生并购交易 170 起，完成 93 起。其中，制药领域最为活跃，不论在交易数量、涉及金额方面都达到一半（详见表 2–9）。

表 2–9 医疗健康领域并购情况

| 行 业 | 2014 年 1—7 月 | | | | 2013 年 | | | |
| | 交易数目 | | 交易价值（亿元） | | 交易数目 | | 交易价值（亿元） | |
	已完成	未完成	已完成	未完成	已完成	未完成	已完成	未完成
医疗保健	93	77	125.38	187.22	50	80	210.33	166.4
医疗保健设备与服务	30	35	16	62.48	9	32	29.61	73.4
医疗保健设备与用品	18	22	8.61	39.08	7	17	25.69	60.6
医疗保健提供商与服务	12	12	7.39	22.7	1	13	3.75	11.49
医疗保健技术	0	2	0	0.7	0	3	0	1.43
制药生物科技与生命科学	64	43	112.42	125.23	41	49	180.71	93.12
生物科技	20	13	49.24	16.81	10	17	23.76	11.7
制药	43	31	63.04	109.6	31	30	156.35	81.18
生命科学工具和服务	1	0	0.13	0	1	2	7.39	0.24

数据来源：WIND。

四、小结：三种类型

从以上分析可以看出，消费品行业的并购在 2014 年出现了显著的增长，总体上比较活跃。从细分领域来看，我们将其划分成三类：

第一，高度活跃类，主要包括零售商业、医疗健康领域。这两个领域不论在交易数量还是涉及金额方面都显著高于其他领域。并且，结合消费升级的趋势以及行业创新的态势，这两个领域仍将是未来一段时间并购的频发区，其中互联网零售、百货商店、医院、制药等是重点关注领域。

第二，一般活跃类，主要包括农业、食品饮料领域。这两个领域总体上并购活跃度一般，其中农产品领域近年来保持活跃态势，而食品饮料领域中的白酒类别则吸引了市场的关注。

第三，相对沉寂类，主要是纺织服装与奢侈品以及家电等家庭耐用消费品。这一类行业发展相对成熟，并非目前市场关注的热点。

第四章 文化传媒产业

一、发展迅猛，潜力巨大

"文化传媒产业"是个比较大和宽泛的概念。主要细分行业范围包括：①新闻出版业，包括图书、报纸、期刊、音像制品、电子出版物等；②广播电影电视和信息网络视听；③演艺、娱乐、文化旅游、工艺美术等传统文化产业，及动漫、游戏、网络文化、数字文化服务等新兴文化产业。在我国，文化传媒产业主要由文化部和国家新闻出版广电总局进行管理。

如果按统计局的分类方法划分，《文化及相关产业分类（2012）》中定义"文化及相关产业"为"为社会公众提供文化产品和文化相关产品的生产活动的集合"，范围包括：①以文化为核心内容，为直接满足人们的精神需要而进行的创作、制造、传播、展示等文化产品（包括货物和服务）的生产活动；②为实现文化产品生产所必需的辅助生产活动；③作为文化产品实物载体或制作（使用、传播、展示）工具的文化用品的生产活动（包括制造和销售）；④为实现文化产品生产所需专用设备的生产活动（包括制造和销售）。

过去十年，在国家政策的支持和推动下，文化产业市场化水平得到提升，行业发展大幅提速。产业增加值增速远远超过同期 GDP 增速，占 GDP 的比重也逐年增长。截至 2015 年年底，我国文化及相关产业增加值达27 235亿元，与2014 年相比增长11%（未扣除价格因素），比同期 GDP 名义增速高出将近4.6%；同时文化及相关产业增加值占 GDP 的比重已经从

2004 年的 2.15% 增加到了 2015 年的 3.97%，在国民经济中的地位稳步提高（详见图2 - 4 和图2 - 5）

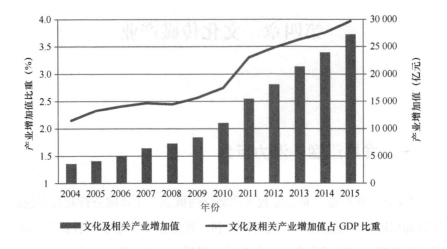

图 2 - 4　文化及相关产业增加值快速攀升

资料来源：中国国家统计局

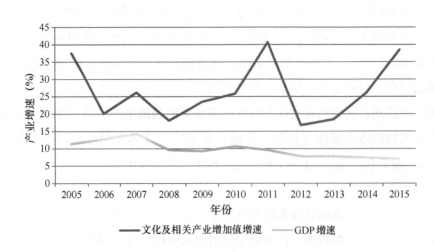

图 2 - 5　文化及相关产业增速远超过 GDP 增速

资料来源：中国国家统计局

从需求端看，我国 2012 年城乡居民人均文化消费分别达到 1 214 元和 486 元，占消费支出的比重分别为 7.28% 和 7.34%。文化消费额度比十年前的 2002 年分别增长 198% 和 131%，文化消费需求处于爆发性增长期（见图 2 - 6）。

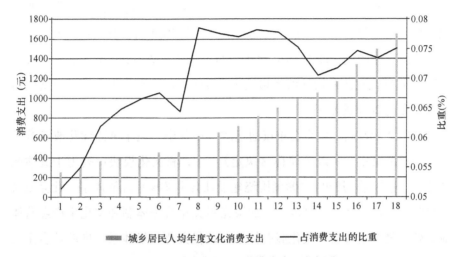

城乡居民人均年度文化消费支出　——占消费支出的比重

图 2 - 6　城乡居民文化消费支出不断提升

注：对应统计口径，城镇居民人均文化消费支出包括文化娱乐用品和文化娱乐服务，农村居民人均文化消费支出包括文教娱乐用品及服务。

资料来源：Wind，作者整理。

但是，与世界主要发达国家相比，我国文化传媒产业的发展水平仍然相对较低。在美国，文化传媒产业产值约占 GDP 的 1/4，是仅次于军工行业的第二支柱产业。在日本，文化传媒产业产值约占 GDP 的 20%。而我国文化及相关产业产值占 GDP 的比重不到 4%，远远低于发达国家水平。不仅如此，我国文化传媒企业的单体规模相对较小，商业模式创新不足，内容生产和营销能力较弱等问题，也束缚着文化传媒产业的发展步伐。

二、政策推动整合

随着我国经济发展水平和综合实力的快速提升，文化软实力也日益得到社会各界的重视。在国家政策层面，自2012年中共十七届六中全会上首次将"文化"作为中央全会的议题以来，决策层围绕文化产业不断推出新的举措，提出更高的愿景。

党的十八大报告提出"中国特色社会主义五位一体的总体建设布局"，将文化建设放在第三位。报告指出要发展新型文化业态，提高文化产业的规模化、集约化、专业化水平，明确提出到2020年将文化产业发展成为国民经济的支柱产业，即占GDP比重由目前的3%增加到5%。这意味着到2020年我国文化产业增加值将超过5.5万亿，在未来几年内增长速度仍需要保持在约20%的水平。

在中共十八届三中全会审议通过的《中共中央关于全面深化改革若干重大问题的决定》（以下简称《决定》）中，将文化板块单列为十五项改革之一。《决定》提出："紧紧围绕建设社会主义核心价值体系、社会主义文化强国，深化文化体制改革，加快完善文化管理体制和文化生产经营体制，建立健全现代公共文化服务体系、现代文化市场体系，推动社会主义文化大发展大繁荣。"

根据文化部发布的《"十二五"时期文化产业倍增计划》，"十二五"期间，文化部门管理的文化产业增加值年平均增长速度高于20%，2015年比2010年至少翻一番；建成10家左右具有重大影响的国家级文化产业示范园区，培育100个左右特色鲜明、主导产业突出的特色文化产业集群，培育30家左右上市文化企业，形成10家左右全国性或跨区域的文艺演出院线，打造3—5个具有国际影响的文化产业展会。

新闻出版总署发布的《新闻出版业"十二五"时期发展规划》显示，预计到"十二五"期末，新闻出版业发展方式转变基本到位，新兴业态蓬勃发展，数字出版等战略性新兴产业领域的发展达到世界先进水平。新闻出版产业增长速度达到19.2%，到"十二五"期末实现全行业总产出29 400亿元，实现增加值8 440亿元。实现人均年拥有图书5.8册、期刊3.1册，每千人拥有日报达到100份，国民综合阅读率达到80%，人均书报刊用纸量达到240印张，千人拥有出版物发行网点数0.13个，版权登记数量70万件。实现绿色印刷企业在全部印刷企业数量中所占比重超过30%。

在具体决策层面，在2014年1月22日召开的国务院常务会议，决定改革中央财政科研项目和资金管理办法，推进文化创意和设计服务与相关产业融合发展。2014年4月，中宣部部长刘奇葆在《人民日报》发表题为《加快推动传统媒体和新兴媒体融合发展》的文章。同年8月，中央全面深化改革领导小组第四次会议审议通过了《关于推动传统媒体和新兴媒体融合发展的指导意见》，强调要着力打造一批形态多样、手段先进、具有竞争力的新型主流媒体，建成几家拥有强大实力和传播力、公信力、影响力的新型媒体集团。

要落实文化产业相关的国家政策和战略思路，最核心的载体就是文化传媒企业。在我国，文化传媒作为一个产业的发展只有30年左右的时间，起步晚、经验少、专业人才相对缺乏。真正的产业爆发式增长，是随着国民收入水平的提高，在信息技术、电子产品和影视游戏产业大发展的背景下，在近十年左右时间才出现的。与发达国家相比，我国的文化传媒产业集中度相对较低，单体企业规模较小，对新闻、出版、广播等细分领域的管制较为严格，地方割据现象仍突出。这些因素给整个行业的进一步发展带来了困扰。

在此背景下，文化传媒企业的规模化、集约化发展就显得尤为必要。早在2006年，中共中央、国务院就发布了《关于深化文化体制改革的若干意见》，明确提出要大力提高文化产业规模化、集约化、专业化水平。重点培育发展一批实力雄厚、具有较强竞争力和影响力的大型文化企业和企业集团，支持和鼓励大型国有文化企业和企业集团实行跨地区、跨行业兼并重组，鼓励同一地区的媒体下属经营性公司之间互相参股。

三、三大整合趋势

一是加强文化资源整合。《文化产业振兴规划》中明确提出要"建设传输快捷、覆盖广泛的文化传播渠道"，促进发展文艺演出院线，推进有线电视网络、电影院线、数字电影院线和出版物发行的跨地区整合。同时，明确提出要"坚持以结构调整为主线"。在八大重点任务当中，无论是"培育骨干文化企业"，还是要"建设文化传播渠道"，都非常明确地提出要推动文化资源的整合和结构调整，特别是提出跨地区、跨行业、跨所有制的发展。2013 年 3 月，国务院决定组建国家新闻出版广电总局，不再保留广电总局、新闻出版总署。文化领域机构改革的最终目标是实现大文化整合、统一管理，有利于加速文化产业跨行业、跨领域整合，促进多媒体综合发展。

二是培育骨干文化企业，鼓励做大做强。《国家"十二五"时期文化改革发展规划纲要》（以下简称《纲要》）提出要构建竞争力强的现代文化产业体系，推动文化产业跨越式发展。发展壮大出版发行、影视制作、印刷、广告、演艺、娱乐、会展等传统文化产业，加快发展文化创意、数字出版、移动多媒体、动漫游戏等新兴文化产业。培育骨干企业，完善文化产业分工协作体系。鼓励有实力的文化企业跨地区、跨行业、跨所有制兼并重组，推动文化资源和生产要素向优势企业适度集中，培育文化产业领域战略投资者。要形成一批跨地区跨行业经营、有较强市场竞争力、产值超百亿的骨干文化企业。在重点文化产业中选择 50 家左右成长性好、竞争力强的大型国有或国有控股集团公司，培育成骨干文化企业。可以预期，在数字出版、动漫游戏、新闻出版、影视传媒等领域的龙头企业将会利用自身的资源优势和政策机遇，加快行业内部和产业链上下游的整合力度，打造文化传媒"航空母舰"。

三是鼓励社会资本进入文化传媒产业。《纲要》提出，在国家许可范围内，引导社会资本以多种形式投资文化产业，参与国有经营性文化单位转企改制，参与重大文化产业项目实施和文化产业园区建设。社会资本的进入，一方面会更好地调动和盘活文化传媒行业的沉淀资本，促进行业加快扩张速度，另一方面将引入更多市场化机制，提高整个行业的活力和创造力。

四、并购主战场观察

根据麦肯锡咨询的研究，企业增长的动力主要包括并购、占领市场份额和分享行业增长红利。与能源、快消品、医疗健康等其他七大行业相比，文化传媒受到并购的推动作用最明显，贡献率达到56%。进入21世纪以来，我国文化传媒领域的并购迅速升温，案例数和金额数不断攀升。根据2015年的并购交易市场数据，在重大利好政策与资本市场的鼎力扶持之下，并购交易活跃且继续走高，公布的交易案例数共计276起，披露交易规模高达176.41亿美元，与2014年相比较分别增长了16.95%和64.15%，并购交易数量和并购规模为近六年之最高水平（见图2-7）。

图2-7 2010—2015年国内文化传媒并购市场交易趋势

资料来源：CV Source，**2015.12**

从具体案例看，青岛城市传媒的借壳上市为2015年国内文化传媒并购案例中规模最大的并购交易。2014年12月12日，青岛碱业股份有限公司（600229.SH）拟以截至2014年8月31日拥有的全部资产和负债（作为置出资产），与截至2014年8月31日青岛城市传媒股份有限公司100%股权（作为置入资产）的已评估值的等值部分进行置换，本次重大资产置换中置入资产与置出资产交易价格的差额为1 157 785 310.77元，以青岛碱业发行股份进行购买，青岛城市传媒100%股权交易价格2 878 684 900元。另一规模较大的并购案为松辽汽车收购耀莱影城100%股权。见表2-10。

表2-10 2015年国内文化传媒企业重大并购案例

标的企业	CV行业	交易金额US$M	交易股权	买方企业
青岛城市传媒	传媒出版	464.30	100%	青岛碱业
耀莱影城	影视音乐	374.19	100%	松辽汽车
Hoyts	影视音乐	365.70	100%	万达院线
航美广告	广告制作与代理	338.71	75%	龙德文创
慈文传媒	影视音乐	323.92	100%	禾欣实业
SMG尚世影业	影视音乐	270.97	100%	东方明珠
翔通动漫	动漫	195.00	100%	万好万家
瑞吉祥	影视音乐	188.71	100%	捷成世纪
盟将威	影视音乐	177.42	100%	当代东方
派瑞威行	广告制作与代理	152.42	100%	科达集团

在文化传媒领域的并购中，近年来最受关注的是广告制作与代理、影视音乐、户外媒体等板块，而传统的传媒出版领域相对占比较小，曾经风靡一时的动漫领域在近3年的并购中更是几乎销声匿迹（见图2-8和图2-9）。

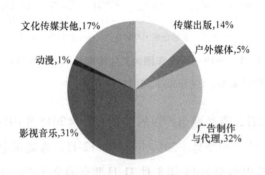

图2-8 各板块并购案例数占比（2011年以来）
资料来源：CV Source；作者整理。

一端是不断扩大的文化消费需求，另一端是源源不断的、多元化的文化传媒产品供给，中间是强有力的政策支持和快速变革中的新技术支撑，

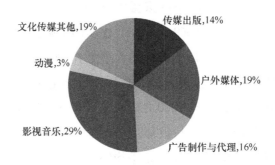

图 2 - 9　各板块并购金额占比（2011 年以来）

资料来源：CV Source；作者整理。

文化传媒产业想不进入发展的黄金期都难。下一步，文化传媒产业的并购和整合仍将持续，资金规模和案例数都将继续扩大，伴随着政策管制放松而出现的跨区域、跨细分行业并购将越来越多地涌现。具体而言，文化传媒的并购活动将出现在三大主战场：

第一大战场是文化传媒内容提供商与互联网平台的融合。传统上似乎是以文化传媒内容提供商"触网"为主流，而随着互联网平台的壮大，它们正在反向"侵入"各大传统领域，从零售到金融，从足球到医药，互联网平台正在变得无所不能。如视频网站正在摆脱以往"影视超市"的路子，走向自主设计和生产文化产品，争夺传统文化传媒公司和电视台的市场，优酷网站的《晓说》《小时代3》等网剧等就是其中的代表。阿里巴巴近年来先后参股或控股了华数传媒、文化中国等文化传媒实体，还在香港成立了阿里巴巴影业集团。

与此同时，传统的文化传媒企业也在加快数字化转型的步伐。如华谊兄弟在 2014 年 6 月确立了未来的三大战略，其中就有以游戏、新媒体、粉丝文化为核心的互联网业务板块。虽然数字出版的赢利模式还面临很多困难，但并没有打消文化传媒企业触网的热情。许多有实力的出版传媒集团已经将并购的触手伸向了动漫、大数据、影视等平台，为数字化转型铺平道路。

在移动互联终端上，手游也将成为并购的热点领域。2013 年平均每天诞生6家手游公司，全年从1 000家猛增到3 000家。预计到2016年，全球移动游戏市场规模将达到369亿美元。优质的手游公司成为被热抢的香饽饽。如神州泰岳斥资12.15亿元收购天津壳木100%股权，溢价27倍。

第二大战场是影院业投资。2012年以来中国电影院发展持续高速增长，全国院线范围内新建影城880家，总影院数3 680家。新增银幕数为3 832块，平均每日新增10.5块银幕，总银幕数达到13 118块，中国电影银幕成功"破万"。2012年新增影院平均银幕数为4.8块。但是，据艺恩咨询统计，目前我国影院投资市场集中度远远低于发达国家影院投资市场。影院投资与零售业不同，必须有较高而适度的市场集中度，才能保证整个电影产业稳定、健康发展。而在我国，以万达院线为代表的前五家龙头企业，市场份额合计仅有34%。影院投资管理公司过于分散化，单体体量不够大。数量庞大且分散的影院群体特征，容易导致同行业之间的价格战和恶性竞争。随着中国电影市场规模的不断扩大和资金的不断入场，相信我国电影投资管理公司之间的并购将大大加快。

第三大战场是国企改革。如上所述，十八届三中全会提出推动文化企业跨地区、跨行业、跨所有制兼并重组，提高文化产业的规模化、集约化、专业化水平。建立多层次文化产品和要素市场，鼓励金融资本、社会资本、文化资源相结合。体制内企业的改制和证券化、资本化进一步加速，会产生大量的整合并购机遇。其中难度最大但同时潜力也最大的，是目前管制较严的新闻出版和广电领域，如出版社、报业集团、有线网络等。在区域上，目前国内各地的文化传媒集团本土割据仍然较明显，跨区域并购还有较大的阻力。以上海、湖南等地的广电企业改革和凤凰出版集团等新闻出版集团并购为代表，预计管制将进一步放松，为文化传媒业并购重组带来新的政策红利。

第五章　"混改"：旧瓶装新酒机会多

一、"新"在何处

不少媒体把"混合所有制"改革简化成"混改"，听上去容易让人产生出许多不和谐的联想。但不管怎么联想，混合所有制改革目前恐怕是被寄予很高希望的经济改革。尽管掌握垄断资源的央企和经济实力相差悬殊的地方政府对混改推动的力度不一，这项改革面临各种阻力和错综复杂的利益纠葛，以及对于混合所有制这个"旧瓶"应该装什么样的"新酒"还存在很多认识上的尝试与创新，但这项改革肯定会不断地深化。

如何在混合所有制的旧瓶中装入新酒，取决于改革执行者和改革参与者的智慧和创新能力。而不论是产业资本还是金融资本，在这场国资混改中都面临着新的投资机会。这样的机会首先体现在地方国资的改革上，其次则在于从事竞争性产业的央企的改革上，最后，还体现在从事垄断性业务的央企的改革上。

而这一次混合所有制的旧瓶装新酒的改革中，最大的亮点可能还不在于社会资本以产业投资的形式介入国有资产的并购和投资中，而在于社会资本以金融资本（基金）的形式参与到国有企业特别是央企的改制中。这种投资和并购的形式也有别于此前国有企业通过上市引入战略投资者的改制。前者能更好地促进国有资产、管理层和社会资本找到利益平衡点，既在一定程度上修正此前国有企业改制过程中饱受诟病的利益输送和国有资产流失，也能在机制和体制上更好地保护参与的社会资本的利益，提高社会资本参与的积极性。

二、民营资本在"改革层面"的参与

中国共产党十八届三中全会提出"完善产权保护制度，积极发展混合所有制经济，推动国有企业完善现代企业制度，支持非公经济健康发展"之后，上海率先于 2013 年年底出台《关于进一步深化上海国资改革促进企业发展的意见》（即"上海国资国企改革 20 条"）。而上海绿地集团酝酿已久的混合所有制也在这个时候闪亮登场，其所发布的新闻稿不失时机地披上混合所有制的新衣，称其改制"是贯彻中央国企改革方向、十八届三中全会精神和上海国企改革总体步骤的积极举措，有利于企业进一步完善混合所有制，实现绿地集团更加市场化、公众化和国际化"。

在这闪亮的公告之外，大家看到的是绿地集团的管理层通过创新的"有限合伙制"实现了对这一市值可能超过万科的公司的全面控制。而其改制过程中所引入的深圳平安创新资本、上海鼎辉嘉熙等社会资本也都是募集设立的股权投资基金。尽管国有企业引入股权投资基金投资不是什么新鲜事，但在中国这一特定的社会环境下，绿地集团的改制肯定会成为一个标杆。

而且，不应忽视的是，经过 2009—2011 年的大发展，私募股权投资基金作为一种资本投资形式已经得到社会的广泛认可，尽管当时"全民 PE"把一个很专业的投资衍化成一场"疯投"的闹剧，也给不少投资人造成损失。而前 10 年中国经济大飞跃所积累的丰厚的社会资本也为私募股权投资基金在中国扎根提供了很好的基础。在 10 年前，我们只能看到高盛、摩根士丹利参与我国大型国有企业改制获取暴利，现在成熟起来的中国基金也能通过同样的形式来参与到大型国有企业的改制中，分享这种改制激活企业创造力之后的资本增值。

更重要的是，社会资本以私募股权投资基金的模式参与到国企的改制中，一方面能为国有资本的定价提供一个社会化的标杆，另一方面也能在一定程度上减轻企业改制后的整合风险。

不论是什么级别的国有企业改制，混合所有制作为一种政策工具，首先分享到这项政策红利的一定是企业的管理层，不论是管理层以股权激励形式参与，还是管理层收购（MBO）的整体收购，都绕不开国有资产合理定价的坎。尽管我们现在的国有资产管理法律法规得到不断完善，但国有资产信息公开化问题始终没有得到根本的解决，在一个信息闭环里面，是很难给予国有资产一个合理的、足以服众的市场定价的。社会资本以基金的名义参与，尽管仍然避不开联手作弊的利益输送，但基金集合理财的资本属性决定了其在作投资决策的时候和一个单纯的民营资本对于规范性和合法性的要求会有很大的不同。

在十八届三中全会把混合所有制改革提到一个新的高度后，各省市陆续推出自己的国企整合和改革方案，都把混合所有制作为下一步推动改革的重点。

湖南省委、省政府《关于进一步深化国有企业改革的意见》提出的湖南进一步深化国企改革的路线图和时间表中，明确到2020年，竞争类省属国企资产证券化率达80％左右。而作为内地经济相对落后的省份，其提出的改革思路难免在某些方向上突破不够，甚至落回到上一个十年发展的窠臼中。比如，湖南省国资委在解释发展混合所有制经济的方向上提出"上市为主、三个引进、三个允许"，其"三个引进"的第一个引进就是"重点引进央企"。我们认为，在目前的改革形势和经济形势下，如果仍然把前一个十年盛行的"引进央企"作为地方国企改革的重点，且不说现在的央企是否还能像前十年一样到处并购扩张，更重要的是中国经济发展的市场基础已经发生变化，对于央企原来的扩张形式是否还有可持续性就值得打一个大大的问号，继续推行这样的举措，只会把地方国企推入一种低效循环，其结局并不乐观。

广东省委、省政府《关于进一步深化国有企业改革的意见》则提出，到2020年，要形成30家左右营业收入超千亿或资产超千亿、具有国际竞争力的国有控股混合所有制企业，混合所有制企业户数比重超过80％。

对于湖南和广东两省提出的到 2020 年要达到的两个 80%，或许广东的 80% 对于推动混合所有制的指标意义更为直接。而在中央深化经济改革的推动下，类似的"时间表和路线图"也一定会出现在其他省市的国有企业改革中，并被以各种形式强化。我们可以预想，在混合所有制改革的实际执行中，民营资本将会获得极大的空间和机会。

三、民营资本在"央企层面"的机会

在新形势下，第一个提出混合所有制改革的垄断央企是中石化。2014 年 2 月 19 日，中石化发布《启动中国石化销售业务重组、引入社会和民营资本实现混业经营的议案》的公告，在垄断性的央企中率先在核心业务上启动混合所有制的改革。

尽管也有批评者说中石化作为一家上市公司，其本身已经是混合所有制的企业，再在子公司层面推行混合所有制改革没有实质性的意义。但我们应该知道，在石油产业链中，市场化门槛最低的应该就是作为产业链终端的加油站（加气站）。整理媒体的公开报道，在 2000 年前（至少在 1998 年前），民营加油站占了全部加油站的大部分市场份额。在此后的十几年中，经过中石油、中石化和中海油等几大央企持续不断地攻城略地，民营的加油站已所剩无几，加之上游产业的垄断，不断涨价的汽油价格把全国车主绑架。石油垄断绑架消费者已经成了一个饱受诟病的经济痼疾，尤其是持续出现被媒体所批评的几大石油垄断企业，一面向中央财政哭穷要求补贴和涨价，一面又用垄断经营所得团购豪宅、天价吊灯和奢华消费等，最近更是被查出令人触目惊心的腐败窝案。在这个时候，中石化能打破垄断的坚冰，率先在石化产业的销售终端走出改革的一步已属难得，也为打破央企垄断、发展混合所有制树立了一个重要的标杆。

而我们在讨论这个案例时，应该知道的数据是：截至 2013 年年底，中石化销售业务板块拥有自营加油（气）站 30 532 座，成品油管线超过 1 万公里，储存设施的总库容约 1 500 万立方米。2013 年境内成品油经营量持续增长至 1.65 亿吨。2012 年度成品油营销及分销板块收益是 427 亿元。

在垄断央企的改革中，中石化率先走出了第一步，但到目前为止，好像也是唯一的一步。中石油、中海油虽然也都在 2014 年 3 月成立了深化改革领导小组，但都还没有公布具体的方案。至于其他与民生直接相关且备受关注的垄断行业也没有更多的亮点。

三大电信运营商公布的混合所有制改革都还停留在计划阶段，没有实质性的内容，最早将在 2015 年展开实质性工作。而且就算已经提出了一些改革计划，其所涉及的混合所有制改革的内容也基本集中在非主流业务上，如视频、阅读、游戏、音乐等内容的生产，以及信息服务、移动社交等新兴业务上。而占据全国 80% 电网的超级垄断性集团——国家电网则计划在"直流特高压、电动车充换电设备和抽水蓄能电站"三个领域推进混合所有制改革，在这三个开放领域中，至少"电动车充换电设备和抽水蓄能电站"是个"食之无味"的鸡肋。

对于能源、电信等与民生直接相关、民生敏感度很高的垄断行业，电信业务正在被不断发展的互联网技术所冲击，但对于石油、电网等能源产业，中石化走出了可喜的一步，但不要对这一领域的"混改"抱太大的希望。

尤其值得关注的是，现在中石化在推动他们的油品销售业务引入民营资本这件事情上已经不再高调宣传混合所有制改革。据澎湃新闻社的报道，公司高管已经不再提混合所有制，而是代之以"股改"这一相对中性的词语。中石化的掌门人傅成玉曾希望借混合所有制的东风一展抱负，现在也承受着不小的压力。

或许，对于这种具有天然垄断能力的国企，如何推进混合所有制改革并没有在管理层和相关利益主体之间达成基本的共识，因而才会导致几大油企对"深化企业改革"浮于表面。而国务院国资委公布的首批 6 家混合所有制试点央企中粮、国投、国药、中国建材等也大都是从事高度竞争业务的企业。

四、竞争性领域央企改革机会

在央企层面，最有机会的当属竞争性业务的央企改制。

中信国安改制方案或许是一个值得关注的混合所有制案例。2014年8月5日，国安集团下属的两家上市公司中葡股份和中信国安同时发布公告称，其控股公司——中信国安实施改制，由原来中信集团100%控股的国有企业改制为混合所有制企业，而且其改制改得相当的彻底。改制前，国安集团由中信集团100%控股，本次改制引进黑龙江鼎尚装修工程有限公司、广东中鼎集团有限公司、河南森源集团有限公司、北京乾融投资（集团）有限公司、天津市万顺置业有限公司5家民营企业，注册资本由15亿元增加至71.6177亿元。改制后中信集团持有国安集团的股份比例下降到20.945%，仅比二股东黑龙江鼎尚装修工程有限公司的19.764%略多，所有股东的股权比例相对均衡。对于这样的股权结构变化，中葡股份和中信国安在公告中称，公司的实际控制人由中信集团变更为无实际控制人。

这种经营业务相对市场化的央企恐怕是未来央企改制的主力军。

在上一任国家领导人执政的十年里，在改革红利和市场红利多重动因的推动下，中国经济高速发展，特别是房地产市场的全面启动，在中国掀起了一场持续十年的房地产投资和基础建设大潮，所有原来预判产能过剩（如：钢铁、水泥、电解铝、玻璃）或者增长缓慢（煤炭）、需要进行结构性调整的传统产业获得了极其强劲的发展动力。在这样的市场推动下，作为有着天然优势的央企，在国资委做大做强、垄断性发展的思想引导下获得了各项行政资源和金融资源的全面支持，央企在能够形成垄断的各个领域通过并购重组和新建投资获得市场控制地位。特别是在某些资源性领域，更是不惜以破坏基本的市场规则的手段来获得发展。

同时，市场旺盛的需求则给这些形成垄断或控制性优势的企业创造了惊人的利润。特别是在2008年席卷全球的金融危机下，中央推出的"4万亿救市计划"，再次向央企输入巨额的廉价资金，央企似乎更加强大了。

由此给领导者造成一个虚假的表象，就是我们的国有企业和央企有着强劲的市场竞争力，甚至以此来证明中国的国有经济主导的混合经济模式要优于美国的市场经济模式。

也就是在这样的发展形势下，拥有独特资源支持的央企几乎把手伸入到所有可能带来超额利润的行业。如今，潮水正在退去，特别是在房地产的泡泡终于不能再无限扩张的时候，那些曾经光环无限的央企其实很快就会显出其脆弱的一面。一个简单的对比，在20世纪90年代，很多央企的改革就是把原来旗下不赢利的企业属地化。而在上一个十年，这些本来被剥离的属地化企业又纷纷投身央企的怀抱，因为央企能带来更多的资金支持。我们可以很自然地想到的是，国有企业的体制性缺陷并没有得到根本性的修正，除非像"三桶油"、电网等天然垄断性行业，其他大部分市场化竞争的产品很快就会面临充分的竞争，而原来一些因为整体经济繁荣而获得暴利的上游资源型企业也可能陷入持续的低迷。

其实，对于混合所有制这个旧瓶被赋予"全面深化国有企业改革"的使命，与其说是现任领导高瞻远瞩的洞见能力，毋宁说是面对大潮退去后，国有企业在可能面临的困境中的一个无奈选择。

在这样的背景下，央企的改制最容易获得突破的显然是依附在其旗下的竞争性行业的企业，国安集团就是这其中走得比较快的一个案例，我们相信这样的案例会越来越多。而国安集团改制的借鉴意义也不在于它以怎么样的定价引入了多少民营资本，更不在于它把一个拥有实际控制权的公司变成法律形式上无实际控制人的公司，而在于这种改制突破了一个大型国有企业，特别是一个央企的二级企业突破所有制的限制，变成了一个民营资本为主导的"混合所有制"企业。

从国务院国资委公布的首批6家混合所有制试点央企名单可以看出，未来国务院国资委在推动混合所有制改革上，显然是先从中粮、国药、中国建材等从事高度竞争业务的企业开始，作为民营资本或社会资本要寻求"混合所有制"改革的制度性红利，也应该将精力主要放在这些企业上，或许才能发现更多的参与机会。

第六章　全球并购机遇

在全球跨国并购市场，中国已经成了名副其实的金主，而且这种趋势仍将继续，中国企业的并购规模仍将进一步增加。

2013年年底，有国际研究机构认为，在2014—2019年，中国企业在全球范围内用于并购的资金规模大概在5 000亿美元，中国企业在全球并购市场中所占的份额将由2013年年底的不足9%上升至15%左右。不过，当时国内鼓励中国企业海外并购的一些利好政策尚未出台，随着2014年系列相关政策的出台，这个数字应该会明显扩张。

在享受做"金主"的愉悦的同时，中国企业还应该思考两个问题：第一，应该在哪些领域着力，如何有所为有所不为，尤其要注意不可以继续扮演帮人抬轿子的"冤大头"；第二，并购以后如何强化管理和整合，使得海外并购和海外投资真正成为在全球范围内配置资源，而不是在全球范围内撒钱。

对于第一个问题，并购标的的选定范围可以划定，比较挑战的是如何提高中国企业的谈判和议价能力；第二个问题则是比较具体的实际操作方面的问题，对于企业管理能力的要求较高，也是一个跨境并购领域的难题。跨境整合需要面临文化差异、政治经济政策等各方面的影响，对企业的跨境经营能力具有极高的挑战性。

结合当前中国经济转型升级的需求以及从中国企业在全球范围内产业链的位置以及发展阶段来看，今后五年内，资源和能源、TMT（Technology，Media，Telecom）领域、快消品、金融服务业、制造业、制药业将是中国企业重点布局的行业；与此相对应，中国企业将在全球范围内寻找合适的并购对象，在这个过程中，TMT 的重点区域是美国，而欧洲则因为高精尖的技术以及当前的经济环境成为中国制造业、金融服务业并购的重点，资源和能源领域的重点则是向发展中国家发展。

一、利好政策刺激对外投资

近年来，支持中国企业走出去基本上已经等同于国家战略。相应的，监管机构也逐渐放宽了中国企业海外并购与海外投资的审批流程，最显著的就是 2014 年发改委发布的"9 号令"以及外管局发布的"2 号文"和"23 号文"，极大地给意欲海外并购的企业，尤其是私营企业提供了空间；而且随着中国进一步开放资本账户，中国企业海外投资的便利程度将进一步提升，这对于风头正起的海外并购无疑将起到助力作用。

9 号令颁布于 2014 年 4 月，其主要内容在于提高核准权限，扩大备案范围。9 号令规定了敏感行业和地区，中方投资额 10 亿美元以下的境外投资项目全部实行备案制，如此极大地降低了一些小额并购的审批成本。受此政策影响，2014 年前 5 个月，德勤全球并购业务的统计数据显示，价值小于 5 000 万美元的小型并购案例的数量增长了 31%。

外管局在 2014 年 2 月和 4 月发布的 2 号文和 23 号文则在资金跨境方面给企业提供了便利：2 号文利好中国企业海外直投或并购，其内容规定："总金额不超过 3 亿美元及占中国投资总额 15% 以下的境外投资，前期费用汇出不再需要进行安全性审查，可通过基于安全系统注册银行的批准直接处理。"23 号文则为跨国公司动用其国内和海外集团成员的资金提供了条件，此制度有利于中国的跨国公司发起并加入海外并购项目，并有利于在海外投资的中国企业获得融资。

二、分散投资、全球开花

目前中国企业的海外投资主要有两种，一是海外并购，二是绿地直投。后者尽管增速比较明显，但总体而言，海外并购仍然是中国企业最主要的海外投资方式。据德勤的不完全统计，2014 年前 5 个月，中国海外并购总额 317 亿美元；而绿地直投的规模大概在 100 亿美元。

德勤全球并购曾在 2014 年上半年对中国企业高管进行过一次调查。该调查显示，中国企业在 5 年内跨境投资将仍以海外并购为主；该调查还显示，"拓展海外产品线，拓展市场，获取技术，获取能源和资源等战略性需求"是目前中国企业海外并购最先考量的因素。

从行业来看，中国企业当前走出去的越来越多，基本上涵盖了全球并购的所有领域：能源与资源领域、TMT、快消品领域以及加工制造业、生物医药、服务业等，而且将逐渐多元化并购区域，改变并购标的主要集中在发达国家的现状。

Dealogic 的统计数据显示，美国一直是中国企业跨境并购中的首要市场。2013 年美国在中国企业发起的并购中居于首要地位，在 2013 年全年价值 672 亿美元的并购中，美国企业作为标的的并购规模为 132 亿美元，占全部并购额的 19.7%。2014 年前 8 个月的情况依旧如此：中国在 2014 年前 8 个月发起的并购总额为 513.59 亿美元，其中美国公司作为并购标的的并购案件价值 91.6 亿美元，占比 17.8%。

从今后的趋势来看，美国仍将是中国重要的并购市场，尤其是 TMT、快消品、房地产市场等细分领域，但分散投资的趋势正在加强，美国第一大并购目的地的地位长期内将会被挑战，中国已经进入了全球并购的时代。

概括而言，从各区域的资源禀赋和经济特征来看，长期而言，新兴市场中的非洲、拉美、亚太的部分地区以及加拿大将主要作为能源与资源并购标的；而对于欧洲大陆的并购则主要集中在高端制造、新能源、基础设施、生物医药等领域；亚太地区则因为地缘政治的接近性以及自身的特性，在能源与资源、快消品、金融服务业等领域成为中国企业并购的主要区域。

三、美国——TMT、消费品市场及部分制造业

作为现代互联网技术的代表，美国 TMT 行业内的并购仍将在全球并购市场占有重要份额。随着中国企业在 TMT 行业的迅速发展以及中国 TMT 市场的迅速膨胀，海外并购技术和经验都比较成熟的企业实现非内生性扩张已经成为一些中国企业的选择。而作为全球最领先的 TMT 市场，美国灵活的商业模式、成熟的商业文化和市场接受度在很大程度上可以满足中国企业"拓展海外产品线，拓展市场，获取技术"的需求。

另外一个重要的领域就是消费品市场。其一，美国曾经是一个以消费立国的经济体，随着美国经济逐渐复苏以及美国家庭去杠杆进程的逐渐结束，美国消费品行业将逐渐恢复其往昔的繁荣，而且通过收购美国已经比较成熟的消费品品牌，中国企业可以尽快打入美国消费市场；其二，中国消费品市场正在逐渐成熟，随着中国经济逐渐转向内需拉动，中国消费品市场将进一步扩张，这对中国的消费品行业是巨大的机遇也是挑战，并购海外成熟品牌也比较有利于提高企业在国内市场的认可度。

2013 年 5 月 29 日，中国双汇集团以 71 亿美元的价格并购美国著名的食品和饮料生产商 Smithfield Foods 就体现了一种双向需求，双汇可以借助 Smithfield Foods 在美国肉类市场中的地位完善自己的产业链布局，而 Smithfield Foods 也可以通过双汇的并购进入中国市场。

除此之外，随着传统制造业逐渐回归美国本土市场，而中国的廉价劳动力成本优势正在丧失，部分高端劳动密集的制造业可能也是一个比较好的并购方向。法国外贸银行首席经济学家 Patrick Artus 2014 年上半年对美国劳动力市场进行了研究，其结果惊人。"美国南部的劳动力成本甚至比中国还要低，但劳动生产率要高，而且美国还有丰富的天然气资源，而天然气比煤或石油的使用效率都要高，而且价格便宜。"

四、欧洲——重型和精密制造业、新能源、基础设施行业

德勤中国区并购合伙人叶伟文认为，欧洲拥有比较高端的技术和制造业，而且进入门槛低于美国，另外经济疲软使得各国在吸引外资方面纷纷推出税收等优惠条件，尽管当前已经过了2012年到欧洲捡便宜的时机，但以德国为首的北欧国家的制造业、新能源企业仍将是比较有吸引力的标的。

另外，按照法国外贸银行首席经济学家Patrick Artus的说法，要启动欧盟地区经济，欧盟层面将在新能源、电网等领域进行更多的投资，这些领域将被认为是欧盟经济启动的引擎；而如果中国企业能够抓住机会在这些领域中有所参与的话，将能及时地搭乘欧洲复苏的快车。

德勤欧洲并购团队认为，中国企业可以在西欧选择优秀的技术型企业与中国成立合资公司，在中东欧的波兰、罗马尼亚、捷克等国也可以选择一些重型制造业和基础设施建设，另外中国消费品企业还可以借助中东欧进入整个欧洲市场。

叶伟文建议，欧元区经济发展势头仍然不均衡和脆弱，而且越来越多地依赖于德国的经济增长，鉴于此，德国应该是中国企业重点考虑的国家，其中尤其可以考虑一些中型的家族企业。德国中型家族企业具有全球领先水平，是中国企业应该关注的目标。中国公司与这种中型家族企业建立合资企业，将可实现"双赢"，帮助德国企业拓展中国市场。这种家庭式经营的企业规模较小，每年100亿—500亿美元的营业额，可以通过收购和绿地直投来完成收购。

另外，德勤欧洲并购团队还认为，中东欧因为经济极大依赖西欧地区，随着西欧的经济放缓，中东欧的直接投资缺口正在扩大，为了获取资金维持经济增长，波兰、罗马尼亚等国都执行了比较优惠的吸引外资的政策，而且这些国家目前都面临着比较明显的基础设施建设资金缺口，发电

厂、电力运输线路和交通建设等领域的项目都有比较好的投资并购空间。

德勤欧洲并购团队的一份报告称，东欧的公司在生产大型运输设备、重型机械、采矿业和公共交通工具上具有优势。鉴于中国高铁的快速发展，中国的国有企业希望扩大其产品组合，并购其没有的生产运输设备的制造商，如机车车辆，而且中国企业也正在与波兰的一些重型设备生产商接洽。

除了技术型企业，中东欧在消费者零售领域、TMT 和生命健康领域，以及房地产领域也存在着并购和投资机会，吸引越来越多的中国企业前来，并购范围包括中东欧市场的电子商务平台，仓储、销售等分销商的少数股权。此外，中东欧生命科学与医疗保健部门的成熟企业也吸引了越来越多的中国企业。

五、亚太区——中国企业最主要的市场

目前从金额上而言，美国已经连续几年在跨境并购中成为中国企业金额最大的标的国，但随着中国企业的全球范围布局以及全球经济格局的变化，业内普遍认为，亚太区将成为中国企业最主要的并购标的国。

中国与亚太尤其是亚洲国家不仅在地缘方面临近，而且具有类似的企业管理文化，考虑并购后的整合成本，亚洲标的具有天然的优势，该区域市场正在不断成熟，多元化需求正在快速增长，而且劳动力廉价，能源和资源丰富。

"制造业、消费业务、技术、媒体和电信、能源与资源和金融服务都是可以关注的领域。我们预计会有更多的金融机构进入投资并购市场，谋求扩张设立分支机构或代表处。中国台湾地区的银行都在积极在新加坡建立基地。由于庞大的人口、日益壮大的中产阶级和政府经济刺激政策，印度尼西亚也有很大的潜力吸引投资者。"叶伟文介绍说。

另外，澳大利亚传统上是中国的能源和资源并购的重点领域，但与美国有着类似的国家安全审查等问题。有业内专家认为，中国企业发起对矿

业和农业资源并购需要提前做好应对。相较而言，中国企业在澳大利亚并购可以着力于运输和建筑行业。

德勤澳洲并购团队的并购研究报告认为，澳大利亚有巨大的热煤储备，如果清洁煤技术的费用能够减少，澳大利亚天然气的潜力就能实现，并带给运输和建筑行业更多的机会。在信息和通信技术领域，澳大利亚已做好准备；并且在其农场建设节水型传感器系统、机器人和自动化系统的实现成本更低。

六、非洲与拉美——能源与资源重头

中国企业对非洲的投资主要体现在绿地投资，并购规模相对较小，目前并购主要是在金融服务业、能源和资源领域，这种趋势将会继续。

伴随着中国对非洲贸易和投资的发展，中国企业越来越关注非洲的金融服务业，中国的银行和金融机构已经逐渐在这个区域开始布局，但相比之下，更传统也更重头的是能源、资源和基础设施领域。

德勤的报告预计，南部非洲仍将是中国企业矿产和能源投资的重要地区；而对于非洲东部和中部地区则应关注其潜在的水利枢纽。东非正在迅速成为非洲地区领先发展的战略枢纽，吸引了大量投资者、建筑企业和跨国公司，投资者依靠当地政府大力发展基础设施，如铁路、公路、医疗卫生设施、住房、房地产和零售行业等。同时，东非国家还通过吸引大量私人资本和国际借款参与当地运输交通的建设以减少贸易费用。

叶伟文认为，中国在非洲从事工程建设有多年的历史，应该充分利用这一优势参与到当地的基础设施建设投资当中，一些中国私营企业也应该考虑参与到这个过程中。

尽管与亚太或者非洲相比，拉美在跨境并购方面对中国企业的吸引力稍逊，但在农业领域以及基础设施建设、能源和资源领域，拉美对中国而言仍具有较高的吸引力。

2014年7月中旬的"金砖"峰会之后，中国和阿根廷签署了提升双边关系以及对石油、矿产、核领域、农业和植物病虫害领域进行投资的协议。阿根廷只是拉美的一个缩影，整个拉美地区目前因为昔日金主欧洲增长乏力，面临资金和技术均呈现不足的问题，而中国则正处于需要化解产能过剩、扩大国际市场之际，中阿对接有其必然性。

七、做聪明买家

尽管中国企业已经成为名副其实的金主，毫不夸张地说，中国企业正在全球范围内"撒钱"，但这种"不差钱"的气势却为国外卖家所利用，为国外卖家抬高卖价抬轿子。尽管中国企业高管不承认在并购中吃了亏，但业界普遍认为中国企业在海外并购中付的价格要高于市场价格。

之所以如此，主要有两方面的原因：一方面是中国企业在尽职调查方面的疏忽；另一方面中国企业通常是国有企业，在海外收购时往往面临最后批准的不确定性，卖方经常会因此抬高中国企业收购的价格。

从中国企业方面而言，尽职调查往往不如海外并购同行成熟，从而导致在对收购标的的价值评估方面存在偏差，他们通常会将外部中介公司提供的审计和财务咨询服务等同于尽职调查的全部，而忽略了自身的评估。

但问题在于审计并不能参与尽职调查，审计一般只针对财务报表的真实性和公允性发表意见；而尽职调查则针对本次交易，重点关注影响公司估值、交易架构、交易文件谈判以及收购后集团各分（子）公司之间的协同作用等多方面的事项；经审计的财务报表并不能提供企业赢利质量、运营数据、月度趋势、营运资本和赢利预测等信息，而这些可以在尽职调查中进行核定，而且这些指标对于收购后企业的赢利状况具有重要的指示意义。另外，尽职调查的过程和范围有很大灵活性，而且配合交易的进展进行。不可否认，中国企业正逐渐增强对尽职调查的重视程度，但通常组建尽职调查团队时间仓促，而且往往缺乏调查重点，大而全，不能围绕交易重点进行。

另外，过往的交易显示，中国企业往往忽视历史赢利能力和历史遗留问题，甚至包括过度相信卖方对潜在负债和或有负债做出的陈述保证和赔偿，造成对被收购企业今后的增长前景缺乏明晰的判断，更妄论收购后的整合。

要做一个聪明的买家，中国企业就要做足在尽职调查方面的工作。成熟的尽职调查一般包括以下领域：商业知识、赢利质量、现金流量表、净资产质量表、财务信息质量、交易税费等。尤其是商业知识中的商业模型和重要业务关系、赢利质量关系到被收购企业的可持续发展；而现金流量表、净资产质量表则关系到企业的资本支出和资产质量问题，直接关系到交易的定价。

至于中国国有企业方面面临的不确定性困境，则更多是因为外国政策因素，中国企业尽管可操作空间有限，但如果能够提前作准备，尤其是利用媒体和舆论环境降低海外公众对此收购的抵制因素，则可以在一定程度上降低政治不确定性对市场并购行为的干预。

第七章　高铁经济圈衍生"区域整合"新生态

"区域整合"是一个外延广阔而内涵丰富的概念，不论从政府行政管理和经济管理职能的角度，还是从企业经营和市场的角度，都或深或浅地在推动或执行着区域整合，不同的无非是这个区域整合的半径能延展到一个多大的范围。

在一本讨论中原城市群发展的书中，作者花了相当长的篇幅来讨论"中原城市群的区域整合"，其中包括：城市竞争力整合、体系整合、产业整合、空间整合、生态环境整合和支持平台整合。而从企业或资本来说，我们更应关注的是政府"区域整合"上的引导方向，以及由此衍生出来的投资机会。

这一节重点讨论的是资本如何参与产业区域整合的并购重组以及高铁发展所衍生出来的区域整合新生态和新机遇。

一、德隆之鉴

最近十多年中，曾经的德隆集团（下文简写为"德隆"）无疑是作产业整合和区域整合的成功典范。而所谓的区域整合其实也是产业整合，只是把一个区域内的处于无序竞争的同业企业，通过资本的力量整合在一起，构建统一的资本平台，实施统一的经营战略，形成有序竞争的市场，促使区域优势产业链条中的每一个利益相关者（包括地方政府、银行）都能从良性的产业发展中获得利益。

德隆在这一领域内的经典案例，其一是广为人知的天山股份（股票代码：000877）和新疆屯河（股票代码：600737，现名：中粮屯河）两个上市公司的产业整合；其二是不太为人所熟知的云南蔗糖产业整合。

天山股份和新疆屯河是新疆的两家上市公司，两家公司都从事水泥生产。由于水泥本身销售半径小，而新疆远离内地又疆域辽阔，新疆的水泥市场实际上是由天山股份和新疆屯河这两家当地上市公司在主导着。德隆集团通过对这两家企业的控股，对两家企业的经营业务进行了重新架构。新疆屯河将水泥业务剥离给天山水泥，自身则全力打造新疆的另一大特色产业——番茄。

经过德隆几年的重组整合，天山水泥不仅成了新疆最大的水泥企业，控制了新疆绝对的市场份额，而且逐渐走出新疆，从新疆的一个地方水泥企业发展成为西北最大的水泥企业，并雄心勃勃要问鼎中原。可以想象，以德隆卓越的产业整合能力，如果不是因为资金链的困境导致企业大厦的崩塌，或许现在的全国水泥市场就是另外一番竞争的格局。

在通过天山股份和新疆屯河水泥板块的产业整合进而整合全疆水泥产业的同时，德隆集团把剥离了水泥主业（当时称之为"灰色产业"）的新疆屯河引导到另一个新疆具备优势资源的产业——番茄产业（当时称之为"红色产业"）。

独特的天然条件使新疆番茄产业产量巨大而品质优良，但几十家番茄酱厂各自为战，且普遍规模偏小、资金不足、产量不高，守着优质的资源，却没有一家企业赚到钱。因此，在德隆入主新疆屯河之前，新疆并没有发挥出这项特色产品的产业优势，在国际市场上几乎没有话语权。新疆维吾尔自治区政府也曾经试图通过行政的手段来整合这几十家加工厂，但始终无法平衡各个利益主体的利益，最终无法完成有效的整合。

德隆介入之后，以资本为纽带，在短短一年的时间内，完成对十余家番茄厂的收购，整合生产能力，使得新疆屯河的番茄酱生产能力迅速达到亚洲第一。同时，通过整合生产管理、改善生产环境、提高产品质量，德隆使旗下新疆屯河的产品具备打入国际市场的硬件条件。在产业链的另一端，则是通过收购成熟的欧美番茄酱销售公司，与世界知名食品品牌——亨氏建立合作关系，成功打入国际市场。据公开的数据，至德隆集团轰然倒塌的前夕，新疆屯河已经"具备日处理鲜番茄 40 000 吨，年产 330 000 吨番茄酱、10 000 吨番茄粉、10 吨番茄红素的生产能力，一度成为全球第二大番茄加工企业，浓缩番茄酱出口量已经占到全球贸易量 17% 的份额"，并雄心勃勃地要收购汇源果汁，试图打开果蔬饮料产业链的另一端。

这两个企业的成功无疑奠定了德隆在区域产业整合方面无可置疑的江湖地位。特别是番茄产业的整合，极大地提高了新疆番茄在全球市场的话语权，为农民创收，为政府解忧，同时为产业链上的参与者带来丰厚的回报。也正是由于有这样的成功案例，云南省政府力邀德隆参与云南蔗糖产业的整合。

市场对于德隆在 2003 年对云南蔗糖产业的整合可能相对陌生，这是因为这个雄心勃勃的区域产业整合计划才刚刚开始，就因为德隆的倒闭而湮没无闻。但这个案例无疑也是"区域整合"的经典，其参考意义甚至超过德隆对于新疆番茄"红色产业"的整合。

蔗糖是我国食糖主产品，在 2002—2003 年榨季，全国蔗糖产量约 850 余万吨，占食糖总产量的 80% 强。而我国蔗糖产区主要分布在广西、云南和粤西。其中：广西产量 560 万吨，占全国总产量 52%；云南产量仅 190 万吨，占全国总产量的近 18%。这两个总产量相差悬殊的省份，市场集中度却倒了回来：广西有制糖企业 44 家，糖厂 95 家；而总产量规模只有广西 32% 的云南，却有 74 家制糖企业，85 家糖厂，平均单个企业的生产规模只有广西的 20%。

据德隆内部当时参与调研云南德宏州的员工介绍，德宏州 11 家糖厂，只有 1 家管理层持股的糖厂赢利，其余 10 家全部亏损，乃至发不出职工工资。而他们通过实地调研也了解到，对于云南来说，蔗糖的意义不完全在于推动地方种植业的发展，而有着更深层次的社会意义。

到过云南旅游的人们都会惊叹于七彩云南美丽的自然风光和多彩多姿的民族风情，特别是临近老挝、缅甸的西双版纳和瑞丽等地，精致的竹楼、曼妙的傣女、原始的丛林，总带给来自内地的游客无限的遐想。可是，也正是这里的高山深谷决定了当地的居民能从土地上获取财富的来源非常有限。世世代代生活在这里的人们，除了土里刨食，并没有更多的渠道。而在这雨水丰润、植被繁茂的土地上，却能生长一种特殊的植物——罂粟，这里山高林密的地理特征恰恰也为这种特殊的植物种植提供了一种天然的屏障。但在国家强力打击之下，人们不敢种植罂粟，但近在咫尺的"金三角"却提供了丰富的货源。因此，打击毒品贸易一直是云南省的一项重要使命。

在当地有限的可耕种土地资源上，还有一项重要的经济作物，就是甘蔗。种植甘蔗或许无法让农民致富，但至少能给他们提供基本的生活保障，而提供这种保障至少可以让本分的农民不去铤而走险。也因此，对于云南省来说，发展当地蔗糖业已经不仅仅是一项经济工作，而是一项政治任务。但当地的数十家蔗糖生产企业都是乡镇企业或小型国企，这种散乱的状况使得云南蔗糖企业的竞争力很脆弱，很难在全国的蔗糖产业中有话语权，而企业亏损从根本上伤害了农民的利益，降低了农民种植甘蔗的积极性，从而为西南边陲的稳定埋下了隐患。这也使得有着番茄产业整合成功经验的德隆受到了云南省政府的青睐，后者希望借助德隆对社会资本和产业整合的力量让云南的蔗糖产业焕发生机。

可惜的是，就在德隆雄心勃勃要和云南省政府合作整合蔗糖产业的时候，其资金链断裂，未能完成其"区域产业整合"的又一壮举。不过，据说德隆在云南当地的合作伙伴，借鉴德隆的思路和经验，部分完成了蔗糖产业的整合，获得了良好的经济效益。这已经是后话了。

重提德隆的这两个案例，并不是要炒十年前德隆产业整合的这一份"旧饭"，而是提示这样的基于区域特色资源或特色产业无序竞争，使得优势不优所衍生出来的区域产业整合机会依然存在，而且随着经济的发展，以及新的商业生态和技术生态的发展，这样的区域产业整合机会在源源不断地产生。江西的钨矿、福建的稀土、湖南的锑矿即是这种区域产业整合的典型代表。困扰了很多年，地方政府也深为这种优势资源无序开发导致的资源利用效率不足、环境污染严重而烦恼，也总是在力推区域资源整合，但效果似乎并不很理想。或许，真正能牵头组织这样的产业整合的企业，不仅仅需要钱，更需要一个居于全球市场的更为高远的战略眼光和战略执行能力，而不仅仅是盯着眼前利益，把别人的资源抓入自己囊中的简单"1 + 1 = 2"的掠夺式整合。

国家新一任领导班子提出中国经济发展要"适应新常态"，其意思很明显，过去十年的经济增长模式已经成为"过去"，那么原来以房地产和基础建设大发展所推动的过剩产能扩张一定面临新的调整，而与此相关的一些粗放式的上游资源、能源开发也面临洗牌。特别是对于某些有着特色优势资源，又饱受资源粗放开发带来环境污染和可持续性发展问题的省区或地市，如湖南、江西、山西、陕西、内蒙古等地区，这样的区域整合需求会更为迫切。

二、高铁带来的区域并购机会

除了关注自然资源禀赋和特殊农业生态所衍生的区域整合机会，投资者更应该关注的是产业转移以及由于高速铁路发展推动的经济发展新生态所衍生的区域产业整合。

在过去几年中，国务院发布了众多的区域经济战略发展规划，上升到国家战略级别的区域经济发展规划图日渐清晰，如：皖江城市经济带、中原城市群、武汉城市圈、长株潭城市圈、西安—天水关中城市带、珠江—西江经济带。我们以为，在我国的现行经济管理模式下，地方政府热衷于规划这些经济带或城市圈本没有太多的新意，更多的驱动因素在于这些区域经济规划上升为国家战略之后所能带来的国家政策的倾斜，进而带动更多的国家财政投入。

有两个特殊因素却在市场的层面对这些区域经济规划的发展以及市场化的整合推动起着至关重要的作用，那就是产业梯度转移以及高速铁路对城市经济生态的重大影响。

除非是天然的资源禀赋把企业的生产经营活动固定在某一个特定的区域，例如矿产资源的开采和初级加工、特色农业产品或经济作物，否则企业总是在寻找各项生产要素组合最理想、性价比最高的地区作为其扎根落户的地点，以获取最佳的投入产出比。就如在中国改革开放初期，体制解除了对外开放的桎梏，而庞大的劳动力人口提供了低廉的劳动力资源，国（境）外适合中国人口素质的加工制造业转移到中国，并随着中国加工业劳动力素质的不断提高，转移到中国的制造产业也越来越丰富。由此，造就了中国繁荣的沿海外向型加工业的发展。

现在，随着沿海经济（特别是长三角和珠三角）的发展，土地成本和劳动力成本在迅速攀升，作为生产成本要素重要组成部分的土地和劳动力成本的相对比较优势正在弱化，在长三角和珠三角地区的传统加工业越来越受到挑战。这些企业要么转型，通过产业转型和技术革新再次提高产品的比较优势，要么把工厂迁移到土地成本和劳动力成本更低的地方，以维持这样的比较优势，也就是现在常说的"腾笼换鸟"和"产业转移"。内地各个省市的地方政府也都使出浑身解数，创造各种条件以争取把长三角和珠三角的企业吸引到本地来落地，促进本地区经济发展和就业增加。

但是，产业迁移的一个前提是仍然能保持其各项生产要素成本的综合比较优势，比如运输成本和时间成本（效率）。如果没有综合的比较优势，沿海产业就不可能如我们所期待的方式和速度向内地转移。近些年，不少原来在珠三角的加工企业转移到越南和其他东南亚国家就是一个很好的例证。东南亚国家的劳动力资源和其他各项经济资源（能源、交通）能在最优要素组合上维持这些转移企业的成本比较优势。

而且，尤其值得重视的是，劳动力作为一个重要的生产要素，其对于地区产业的结构性影响还远远不止是成本问题，还包括劳动力的素质，也即区域劳动力资源的受教育程度、知识结构和技能结构。而中国广袤的国土、落后的交通，对劳动力资源尤其是高素质的劳动力资源的跨区域流动带来不小的制约。

而恰恰在这个时候，中国高速铁路网的建设取得了重大发展，这无疑从根本上改变着中国人的生活方式，也在根本性地改变着中国的区域经济生态。

中国高速铁路网的发展绝不仅仅在于表面的人流和物流速度加快，而是在根本性地促进中国的区域性经济结构调整和协同。以西部几大城市所构成的城市圈（群）为例，以目前的铁路运输速度，西安到重庆最快的速度是 11 个小时，重庆到贵阳是 11 个小时，成都到贵阳 11 个小时，西安到武汉 4 个小时，而未来西渝高铁、渝贵高铁、成贵高铁、西武高铁建成后，这些区间的时间距离将缩短至 2 小时。这样的速度事实上把这些本来很遥远的城市压缩到了一个相对较小的经济圈内，而原来这些城市均由于自然禀赋、历史积淀、教育资源、人文特征以及连接外部的交通环境之不同，形成了不同的产业结构特征，有的产业内部各个产业链的企业之间有很好的互补和协同。

以位于西武高铁正中位置的十堰为例。十堰曾经是我国重要的汽车生产基地，但十堰完全是一个特殊年代的产物，在这么一个山高路远、交通不便的地方修建一座汽车城，用现在的经济眼光来看显然是一个错误的选择。也正因为这个原因，我们看到湖北正在将十堰的汽车工业往武汉转移。而西安作为我国西北最重要的经济重镇和教育重镇，拥有得天独厚的工业科技基础和人力资源，以前其经济发展更多的是面向中原，和长江流域经济带的联系并不紧密。西武高铁开通，使得西安和长江经济带，特别是武汉经济圈的经济距离大大缩短，融为一体。而十堰这个本来尴尬的城市，在汽车工业上可以衔接两个汽车工业基地，距离两个城市的时间距离只有一个小时，这时候十堰几十年汽车工业发展所积累的人力资源开始显示出其重要的价值。一小时的时间距离，将极大地促进人力资源和经济资源的跨区流动，也会推动这些区域的产业整合，也就是把以前基于地域特征而发生的产业整合的地理空间大大地扩充。

另一个颇具代表性，将因为高铁建设而对其"区域产业整合"产生重大影响的城市就是经济相当落后的贵阳。贵阳向北距离经济相对发达的重庆和成都都是超过 11 小时的车程，东南距离经济发达的珠三角最快也得

20 个小时车程。即将开通的贵广高铁使得贵阳到广州的时间距离缩短到 4 小时左右车程，而渝贵高铁和成贵高铁使得重庆和成都到贵阳的时间只有 2 小时车程。

这样的经济距离，不仅使得贵州丰富的山水旅游资源可以和需求充分地衔接，更使得以贵阳为中心的黔中经济区与成都、重庆和珠三角得以衔接。和十堰一样，尽管贵州山高水长，但特殊年代的特殊政策，使得这里发展起一批与其固有的资源和条件格格不入的工业经济，那就是航空航天产业。在以前的交通条件下，这样的工业和技术积累只能在国家的特殊政策扶持下勉强维持，但是高速铁路网建成后，这里的航空航天以及其他军事工业几十年所积累的技术和培养的人才可以跨区流动，使得黔中经济区吸纳其产业转移以及与长三角、成渝地区的跨区域产业和资源整合变得更具有可行性。

便捷的高铁交通，除了使基于产业梯度转移而衍生的跨区域的产业整合成为可能，还使已经具备基础的城市圈（带、群）的内部整合发展得更快。

以中原城市圈为例，基于快速轨道交通网络的建设，郑州和其他 8 个城市的空间距离缩短至半小时左右。而由于资源禀赋的差别，在中原城市圈内的各个城市表现出来的产业结构特征差别很大。北部的济源、焦作和新乡主要是基于能源和资源开发的加工产业带；中部的洛阳、郑州、开封、许昌是机械制造、城市服务业产业带；南部的平顶山是能源和原材料产业，漯河是农业产业开发。除了产业发展导向，相关产业会逐渐聚集，在更具备发展条件的地方形成产业集群。同时，也会使企业之间原来因为地域分割而具有成本要素组合的比较优势发生变化，从而衍生出更多的兼并收购和产业整合。

随着全国高速铁路网的建设，"区域"的概念正在发生根本的变化，"区域产业整合"的深度和广度也在发生着根本的变化。产业资本和金融资本需要正视这样的变化，去把握更好的时机，比别人早走一步，才能走得比别人更健康、更长远。

第八章 供给侧改革中的并购机会

一、供给侧改革的含义和产业布局

中央近期明确提出了加强供给侧改革，提高供给体系质量和效率的总体部署和要求。这一改革要求是中央审时度势，适应我国总体经济发展的新形势而提出的新要求，这充分表明，"供给侧改革"将会成为中国经济发展新的制度红利，并将使传统的单一靠扩大需求、在需求端引领消费的发展模式得以改善和提升，从而有效缓解需求端的压力，进而推动我国经济持续健康发展。

凯恩斯的经济需求框架盛行多年，中国经济总量也在对外贸易、投资、消费传统三驾需求马车的拉动下有了飞速的提高。但近几年，随着我国劳动力成本的提高，以及越南、印度等东南亚国家的竞争，中国过去那种依靠低廉价格输出商品拉动经济的模式越来越难以为继，许多制造企业正从中国向更低制造成本的第三世界国家转移，中国贸易增长出现瓶颈；投资方面，煤炭、钢铁等传统行业产能过剩的局面凸显，如果一味地通过扩大政府开支来填补传统产业过剩产能的需求缺口，一方面会加大政府负债，另一方面这种低效的做法不仅会加剧结构性矛盾，而且走这条路还会带来难以承受的环境资源和生态的代价。消费是未来经济最具潜力的增长点，过去几年我国一直以刺激消费作为经济发展的重点，虽然消费已经成为 GDP 贡献最大的因素，但与西方发达国家相比，我国消费所占 GDP 的比重仍然较低。持续挖掘消费潜力，让更多的居民特别是农村居民形成消费习惯，保证消费持续稳定增长也需要一个漫长的过程，并且面对供给结构的相对滞后，消费的增长速度也会受到一定的抑制。

在经济运行面临新格局、产生新问题的形势之下，中央提出了"要在适度扩大总需求的同时，着力加强供给侧结构性改革，着力提高供给体系的质量和效率，增强经济持续增长动力"，这就意味着我国经济发展的重点正从注重需求，向从需求和供给两端共同推进的模式转变。

供给侧的改革对私募股权（以下简称 PE）投资来说提供了一种全新的投资思维和投资视角，即从供给侧出发来选择 PE 投资标的。具体来说，可以有两个角度：一个是从传统行业供给改革角度出发，另一个是从新兴行业新产品的供给创造角度出发。首先，传统行业企业若能改变经营思路及模式，创造或引进新技术，同样可以带来巨大的价值。沿着这个思路我们发现，在传统产业特别是制造业领域，有大批企业存在着"重生"的机会。近期我国提出的"制造业 2025 计划"或者"智能制造"都是在传统制造业领域进行供给侧改革的具体计划和部署。从供给侧改革创造投资和市场机会的角度分析，由于互联网技术，特别是移动互联网技术以及其商业应用模式日益成熟和发展，移动互联网、在线医疗、互联网教育、互联网娱乐、在线旅游、智能科技等行业未来都将是涌现更多革命性产品和服务的领域。

新供给经济学从供给角度将经济周期划分为新供给形成、供给扩张、供给成熟和供给老化四个阶段，认为经济停滞或者衰退的主要原因就是经济的供给结构老化，处于老化的供给无法刺激新需求，所以要启动新一轮经济发展周期就要刺激新供给进而创造新需求。按照新供给经济学的说法，我国许多传统行业已经纷纷进入老化阶段，例如房地产行业商品房库存不断增加，钢铁、煤炭全行业严重亏损，传统车市风光不再，水泥、玻璃、部分有色金属行业产能全面过剩，就连风电、光伏等一度受到政府大力扶持的新兴行业也不同程度地进入供给老化阶段。

过去，中国企业的自主创新能力不足，主要通过增加低成本要素投入来推动经济增长，但在劳动供给量减少，劳动要素成本上升，资源相对稀缺并且需求结构日益优化的今天，这条路将越走越窄，不仅难以为继，而且生产效率普遍不高。在这样的背景下，提出供给侧改革是政府对当前中

国经济开出的一剂新药方，从供给生产端入手，通过淘汰落后产能、清理
"僵尸企业"，鼓励新技术发展，引导资本向新兴产业流动，来改善产业结
构进而促进经济发展。供给侧的改革从政府角度来说，就是建立创新的行
政体制和宏观管理方式，打造市场主体能够充分释放财富、创造潜力的良
好环境，并使各类政策工具的运用有利于存量资源的不断优化重组，提高
国民经济的总体素质和国际竞争力；从市场角度来说，就是提高全要素生
产力，提高供给的质量和效率，使各类要素能够便利地进出市场，自由地
创造价值，自主地实现价值，形成经济持续增长的不竭动力。

供给侧的改革意味着过去较多行业或者环节被国企垄断的局面逐渐被
打破，更少的市场准入限制，更低的进入门槛，更多的社会资本参与机
会，更均等的生产要素价格（包括土地、资本、劳动力），更强的资源和
环境约束等。所有这一切对于企业特别是民营企业来说，提供了更加公平
的市场竞争环境，让企业能够充分利用各项要素来加快自身成长，让更多
充满活力和市场前景的企业和产品孕育而出；而对于 PE 投资来说，则提
供了一种全新的投资思维和投资视角，即从供给侧出发来选择 PE 投资
标的。

二、去产能、去库存、去杠杆带来上游产业的并购机会

供给侧改革需要企业为社会为市场提供新型的供给，从而满足现有市
场上的需求，而目前很多企业、行业由于产品缺少前瞻性，重复生产，造
成了大量的产能过剩。但站在并购投资人的角度看，即便是产能过剩也能
带来一些机会，因为产能过剩后就要求企业进行大范围的整合，这就为股
权投资创造了很好的机会。供给侧改革显著的关键点就是去产能、去库
存、去杠杆，这样的政策安排会对应到上游产业的一些机会，其中之一就
是能源产业。火电的去产能是漫长的过程，清洁能源的机会已经显现，而
且在未来的投资机会中能够挖掘并且发展出更多的机会，比如分布式光伏
产业、光热产业等。

三、提高全要素生产率与科技创新

供给侧改革的核心在于提高全要素生产率，手段在于供给侧改革。其根本原因在于国内经济的供需失衡严重阻碍经济增长。产能过剩会占据大量资源，可能引发通缩、失业、经济滞涨等一系列风险。而对政府保持经济增长和稳定就业至关重要的第三产业，反而处在供不应求的境地。在教育、医疗、金融、旅游等领域，国内的供给无法满足需求，国外却都是中国人在消费。究其缘由，这跟国内服务业供给侧发展乏力有关。针对以上情况，产能落后且创新乏力的国有企业改革势在必行，而同类民企的改革也箭在弦上。

在提高全要素生产方面，与之相对应的是科技创新和技术革新，包括在产业层面技术驱动带来的制造业投资，TMT、物联网、云计算、大数据等新兴行业带来的机会。同时，在供给侧改革过程中，通过技术革新和技术变化提高传统制造业的生产效率，将是必然趋势，这给智能制造带来很大的产业发展空间，例如：无人机、服务机器人、工业4.0等一系列产业领域。

从新供给创造方面来看，政府在今年初通过各种政策措施极力倡导"大众创业、万众创新"，大力支持"互联网＋"的推广和发展，在政策和制度层面全方位地支持新技术、新产品、新模式、新平台、新业态的供给端创新和发展。与实体产业、百姓生活紧密联系的新兴企业、新兴产品和新兴模式层出不穷。众所周知，"苹果"改变了世界，与其把苹果手机称作手机，更确切地应该称其为一款电子产品，苹果手机的功能已经远远超出了过去人们对于手机功能的定义。美国经济在2008年金融危机之后能够迅速反弹，正是因为以苹果公司为代表的企业的技术和产品创新，将美国带入了新供给形成的新阶段。据统计，2014年度，苹果在全球范围内共卖出1.692亿部iPhone手机，苹果一年的营业收入就超过了新西兰所有货物和服务的总价值。同时，苹果形成了IOS生态圈，其APP store在2014年带来了约 150 亿美元的收入，在美国还创造出超过 62.7 万个职位。苹果的成功有多种因素，但有一点是不可否认的，就是其产品本身不仅提高了用户的生活效率与品质，更是搭建了一个平台，让更多行业的更多企业为用户提供便利的服务，创造出了无数的市场需求。

由于互联网技术，特别是移动互联网技术以及其商业应用模式日益成熟和发展，移动互联网、在线医疗、互联网教育、互联网娱乐、在线旅游、智能科技等行业未来都将会是涌现更多革命性产品和服务的领域。正是得益于智能手机及互联网技术的发展，移动互联网行业近几年在我国异军突起，以此衍生出的互联网金融、OTO、移动社交等为消费者提供了种类繁多的产品及服务。如"陌陌"将陌生人社交推向了新高度，"找钢网""酒仙网"等一系列 B 端平台打破了固有的交易方式，这些企业在创造大批需求的同时，自身的价值也得到了资本市场的认可。他们不单单是原有行业简单的"互联网＋"，而是在商业思维和模式上的彻底颠覆，故称之为"互联网＋"，是利用信息通信技术以及互联网平台，让互联网与传统行业进行深度融合，创造新的发展生态。同时，在智能领域诞生的任何一种新技术都可能改变人们的生活方式，其创造的市场需求将会是巨大并且具有一定的持续性的，例如颇受关注的智能机器人、VR（虚拟现实）等，这些创新发展已经逐步开始渗透到工业生产、交通运输、生活服务、军事作战等领域。

四、供给侧体系的产业调整和升级

供给侧改革的第三个方向为提高供给侧结构的适应性和灵活性，使供给体系适应需求结构的发展变化需要。在这个层面上可以简单理解是二级市场的产业调整和升级，更多的投资机会则体现在服务业、消费业领域，所以在投资平台里，对应的行业如互联网金融，连续五年的行业增长率高于中国整体 GDP 增长率的 6 倍以上；还有精准医疗一些细分领域的增长机会，一些消费升级和新商业模式出现，包括出口电商、出境游等一系列和消费相关的行业等。

在传统行业供给升级方面，大量的传统行业进入供给老化阶段，但传统行业企业若能改变经营思路及模式，创造或引进新技术，同样可以带来巨大的价值。就拿汽车行业来看，底特律是美国的汽车之都，全美都开着底特律生产的汽车，但由于市场供给竞争激烈、市场需求饱和度高等原因，现在底特律的汽车制造商大部分都处于亏损状态。而在汽车制造陷入僵局的时候，一款来自硅谷的新概念汽车特斯拉进入了人们视线并取得了可观的市场成绩。特斯拉用 IT 理念来制造汽车，而不是以底特律为代表的传统汽车商的思路，技术上使用最新的电动技术，为实现可持续能源供应提供了高效方式，经营理念上通过开放专利以及与其他汽车厂商合作，大力推动了纯电动汽车在全球的发展。正是在技术与经营理念上跳出原有传统的做法，使得特斯拉成为革命性的产品品牌，引发了人们的购买欲，激发了市场需求，带来了极大的商业价值。特斯拉在二级市场上的估值已经超过 300 亿美元，2010 年上市之后涨幅接近 20 倍，原始投资者更是取得了可观的投资收益。与此同时，"互联网＋汽车"在车联网、智能汽车、无人驾驶汽车等方面也进行广泛创新和发展。这都为 PE 在传统产业的投资提供了全新的投资视角和机会。沿着这个思路，可以预期，在传统产业特别是制造业领域，有大批企业存在着"重生"的机会，近期我国提出的"制造业 2025 计划"或者"智能制造"都是在传统制造业领域进行供给侧改革的具体计划和部署。

就我国目前传统行业并购投资机会而言，要抓住政府改革的重点领域，例如土地制度、国企改革、金融改革等，十八大以来中央对这些领域改革的决心力度之大是前所未有的，这类领域的并购投资往往能获得政策制度上的红利。例如，金融改革方面，过去国家对金融体系基本实现垄断，现在国家强调金融逐步开放，让更多的民间资本进入金融体系。试点民营银行（互联网银行）比如阿里系的浙江网商银行、腾讯的深圳前海微众银行等，还有经过这几年发展已经初具规模的 P2P 等互联网金融都是供给侧改革下诞生的产物，这些企业以市场需求为基础，再加上政策的扶持，必定会快速发展。此外，保险行业的并购也随着保险业政策的逐步松绑正在风起云涌，无论是保险公司参与并购投资，还是保险公司自身的被收购，都已成为金融行业并购的热点之一。再比如，2016 年 9 月 26 日经国务院批准成立的中国国有企业结构调整基金，将会助力供给侧改革背景下国有企业的转型升级和结构调整。该基金总规模为3 500亿元人民币，首期规模1 310亿元，是目前国内规模最大的私募股权投资基金。可以预料，并购整合必将是该基金的主要投资模式之一。

第九章 "一带一路"与海外并购

一、"一带一路"国家战略的含义及其对海外并购格局的影响

"一带一路"战略催热海外并购，助推央企和大型民企积极进行海外布局和海外并购。"一带一路"将形成东接太平洋、西联波罗的海的交通运输大通道，能源与资源、航空、基建和公共设施等行业可通过并购沿线相关企业，直接利用标的企业进行海外扩张，避免自建成本高、审批周期长等风险。制造业、农业和金融服务等行业可借助"一带一路"带来的频繁国家经贸交往和相互信任理解，通过相关海外并购开拓全球市场。随着中国经济实力的不断增长、欧美经济的复苏以及海外并购利好政策的不断出台，中国企业海外并购正面临一系列新变化。

（一）并购目的发生转变：从资源驱动型向市场驱动型、核心能力驱动型拓展

过去 10 年间，能源和资源型标的，向来是中国企业海外并购的重要目标。2004 - 2014 年间，能源和资源型并购总额在海外并购交易累计总额占比超过 40%，是海外并购占比最大的行业。随着中国国际化程度的加深，以往由国企主导的资源驱动型海外并购，逐步向市场驱动型和核心能力驱动型拓展。最近五年中，希望获取能源矿产等战略性资源的海外并购项目数量占比仅为 20%，而希望获得技术、品牌和市场的海外并购占比却高达 75%。

（二）并购行业发生转变：资源能源行业占比下降，工业品、消费品、金融及科技行业显著上升

中国500强企业是海外并购的主力军。中国500强企业实力雄厚，人才现金储备和融资能力强，在海外并购中表现较为活跃，其交易金额占近五年海外并购交易总额的65%、交易数量的30%强。伴随着能源和资源行业占比下降，工业品、消费品、金融以及科技电信媒体行业近三年来占比显著上升。这意味着来自更多行业的中国企业需要快速提升海外并购的业务水平，以应对国际化的挑战。

（三）并购目的地发生转变：欧美等发达国家交易数上升，东南亚等传统区域交易数下降

近年来，以欧美等发达区域为并购目的地的交易数量显著增加，2014年占中国海外并购数量的六成以上，而针对东南亚等传统区域的并购数量比例下降较快。欧美企业在语言、管理方式和企业文化等方面与中国企业差异悬殊，投资目的地的西进，对中国投资者的交易和管控能力提出了新的挑战。

二、"一带一路"战略给互联网服务行业带来的并购机遇

（一）跨境电子商务

近年来，随着中国国内经济发展水平的提高，人们对生活的追求也日益丰富，许多消费者对海外商品特别是一些欧美高端奢侈品的需求日益增长，不仅通过网上代购、海外淘宝等网络手段来满足自己，甚至有些人直接去目的地国家进行现场采购。消费者在通过电商网络平台进行海外消费时，面临着许多不可避免的问题。例如有些电子商务只提供交易平台，不负责商品真伪，购买者的利益得不到保障；同时中间渠道商家层层加价，导致商品价格明显高于商品价值。面对如此大的商业机会，跨境B2B电商平台有很多传统电商平台不具备的优势。比如买家可以自主选择商品、自

主订购、在线支付并可以获得金融贷款等，这不但可以为购买者提供安全保障，还大大降低了购物成本。在可预见的未来，如阿里巴巴的"天猫国际"、网易的"考拉海购"、顺丰的"顺丰海淘"等与互联网有关的领域，特别是跨境电子商务将迎来巨大的发展机会。更多的国家和地区将得益于"一带一路"带来的福音，参与进来共同寻求更大的发展空间，从而会带来更多的并购机会。

（二）软件外包

软件外包通常指一些发达国家的软件企业，由于这些国家人力资源成本较高，为降低成本，提高收益，通常将非核心的软件项目交给发展中国家进行加工。作为发展中国家，中国也接受来自发达国家的软件外包业务。然而，我国离岸外包业务的发包国比较单一，来自日本的外包业务就占据了我国全部外包业务的80%。虽然我国人力资源价格低廉，但相对其他发展中国家而言，我国接受的软件外包业务数量仍然比较小，仅为印度的1/9。如今，随着中国经济实力日益增强，中国软件企业也逐步受到各国的认可，伴随着"一带一路"的实施，我国软件企业的知名度会越来越高，我国将接受更多来自全球各地的软件外包业务，发展势头不容小觑，这也为该行业的并购整合提供新的机遇。

三、"一带一路"战略促进通信信息和媒体行业的并购

"一带一路"沿线国家很多是发展中国家，基础设施、通信领域发展不够完善，"互联互通"意味着全面加强基础设施建设，提高沿线国家和地区的基础设施水平，这不仅包括公路、铁路、航运等交通领域，还包括电子通信、互联网等信息技术领域，这对我国通信企业无疑是很大的机遇，特别是像华为、中兴通信、信威这些已经走出国门的企业。早年间，这些企业就享受到了国家鼓励出口的一些优惠政策，纷纷走出国门，在非洲、东欧、拉美等国家开辟了新的市场，此次"一带一路"战略提出加强互联互通，为我国通信企业走出国门提供了契机，而且为这些企业海外并

购提供了更有力的支持。国家相关政府部门将会逐步推出更多优惠政策，进一步加大扶持力度。

四、能源资源和交通等基础行业并购在"一带一路"战略中的重要角色

从宏观方面讲，当前中国多个行业出现产能过剩，亟须向国外输出以助消化，同时虽然我国经济已高速发展，但在矿产、石油等自然资源的开采上还存在技术问题。无论对于发展中国家还是发达国家，现阶段都是进行经济结构调整转型的关键时期，中国当然也不例外。而中国有强大的外汇储备，有利于解决企业"走出去"融资难的问题。从微观方面讲，"一带一路"将会助推亚洲国家的能源合作。中亚地区经济发展程度并不是很高，中国可以提供技术资金与相关国家在自然资源上建立互补互助的关系。

"高铁外交"是继"乒乓外交"后中国外交的新名片，这已成为众所周知的事情。随着中国国家领导人在出访中多次巧妙地穿插推销，高铁对国外许多人来说已并不陌生。"高铁"并不单单指交通领域的高铁，可以细分到很多领域，比如通讯、钢铁、工业控制、智能控制系统等。在"一带一路"战略的带动下，这些产业无疑将成为"高铁外交"的直接受益者。同时，"一带一路"对于转移国内在建筑、施工等领域的过剩产能也具有重要意义。为更好地实施这一战略，并购国外优势施工企业或当地施工企业，也成为一种明智的选择。

五、中产阶级消费产业升级将成为"一带一路"海外并购的重点领域

瑞士信贷银行（Credit Suisse）发布的《2015 全球财富报告》中显示，中国的中产阶级人数已达 1.09 亿人，占中国总人口的 8%，而当下中国中产阶级消费和公民文化消费意识正逐渐成熟，高端品牌消费和文化领域消

费需求增长趋势已经十分明显。为了抢占先机,阿里、复星等优势企业纷纷着手布局大消费领域,并购交易开始活跃起来,主要集中在影视和旅游行业。例如阿里继 15.3 亿元入股华谊兄弟后,3 月又以 24 亿元入股光线传媒,加速扩张影业版图;复星在旅游业频频出手,3 月斥资 9 185 万英镑入股英国休闲旅游集团 Thomas Cook,又投资了携程旗下主题游创业公司爱玩,立志做全球化旅游产业的整合者。

从整体的消费能力和观念而言,我国的影视消费群体还处在意识初步建立阶段,影视行业的发展存在良莠不齐的现象,但市场泡沫中短期内仍有接盘者,泡沫不会破灭,例如万达 2015 年 4 月出资 1 000 万美元注资韩国影视特效公司 Dexter,6 月收购澳大利亚第二大院线 Hoyts,预计 2016 年影业市场将持续火热。与此同时,旅游行业额度透明化和标准化正全面升级,旅游消费市场进入了爆发式增长新阶段。随着巨头们的不断整合并购,行业效能将持续提升,例如 10 月携程和去哪儿合并,在线旅游市场格局巨变,为旅游业带来创新增量,促使玩家们未来把重心更多地放在服务品质的提升上。可以预计,在 2016 年及未来较长一段时期,旅游业并购整合仍会是备受关注的焦点。

第三部分　产业并购平台与工具

第一章　并购基金

一、并购基金的含义

并购基金（Buyout Fund）通常是指以杠杆收购的方式对目标企业进行收购的基金，通过收购目标企业股权以获得对目标企业的控制权，并对其进行一系列并购整合、重组及优化经营，提升目标企业的市场价值，改善企业的经营业绩，并通过上市、转售或管理层收购等退出机制出售其所持股份，以实现资本增值。王燕辉在 2009 年的《私人股权基金》一书中将并购基金解释为收购基金，即是指专门从事收购活动的集合金融资本。

二、并购基金的分类

（一）根据并购基金的投资策略分类

从并购基金的投资策略来看，主要分为控股型并购基金和参股型并购基金。

1. 控股型并购基金

基于美国等国外成熟市场多采用控股型并购策略，控股型并购基金具有以下特点：

（1）以获得并购标的企业控制权为投资前提。只有先获得并购标的企业的控制权，才能有优势协助其他主导并购方参与对目标企业的整合重组，并通过安全退出实现资本增值。

（2）以杠杆收购推进并购投资计划。国外成熟的金融市场和完善的金融工具为控股型并购基金提供了多样化的并购金融工具，使杠杆率提高，在实施有效整合并安全退出时，基金将获得可观的杠杆效益。

（3）以培养优秀整合管理团队为安全退出保障。拥有资深经营经验和优秀整合能力的决策管理团队主导着被并购企业的经营整合及流程再造。只有培养优秀的整合管理团队才能助力并购基金安全退出并获得巨大的收益。

2. 参股型并购基金

参股型并购基金并不取得目标企业的控制权，而是利用自身融资、对资本市场的精准判断及其他方面的优势，协助其他主导并购方参与对目标企业的整合重组，在企业整合重组后，择机选择合理方式退出。基于我国并购基金发展尚处于起步阶段，尚存在筹资困难、规模偏小、产业整合能力有限、职业经理人市场尚不成熟等多方面条件限制，我国目前的并购基金多采用参股型并购策略。结合我国实际情况，参股型并购基金参与的方式包括以下三种（见图3-1）：

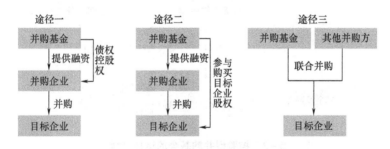

图3-1　参股型并购基金参与并购的三种途径

途径一：为并购企业提供融资支持。依据对行业和并购双方整合价值的判断，基金管理人审慎选择潜力并购双方，提供过桥贷款，以较低风险获得固定或者浮动收益，也可以通过债转股的方式成为并购企业股东。比如：2008年中联重科联合弘毅、曼达林、高盛以2.71亿欧元收购世界排名第二的意大利混凝土机械制造商CIFA公司100%股权，在此次并购中，高盛、弘毅都为其提供了不小的融资支持。

途径二：一方面，与并购企业合作，共同对被并购企业进行股权投资、整合重组；另一方面，为并购企业提供过桥贷款等融资方式，并在适当时候通过将所持股权转让等形式退出。比如：2012年三一重工联合中信产业基金以3.6亿欧元收购德国工程机械企业普茨迈斯特100%股权，中信产业基金在并购交易中提供了财务支持，完成并购后，还出资3 600万欧元获得10%股权。

途径三：与具有企业整合实力的产业投资者或其他并购投资者合作，整合各自在资源、技术和经验等方面的优势，共同对被并购企业进行投资及整合重组。如硅谷天堂与大康牧业、合众思壮等上市公司合作成立产业并购基金。

在操作流程上，参股型并购基金与控股型并购基金基本一致，只是在具体过程中，参股型并购基金发挥的主要作用是财务顾问和辅助融资（参见图3-2和图3-3）。需要注意的是，参股型并购基金在联合收购中需要确定出资份额，明确出资比例，从而确定相应的权利及义务。

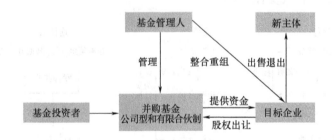

3-2 控股型并购基金的运作流程

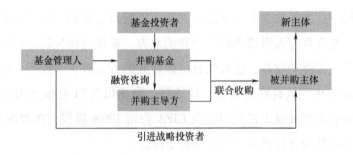

图3-3 参股型并购基金的运作流程

（二）根据并购基金的管理机构背景分类

根据并购基金的管理机构背景，其主要分为：产业系并购基金、券商系并购基金、大型 PE 机构系并购基金等。

1. 产业系并购基金

产业系并购基金主要由大型产业资本与 PE 机构联合发起，大型产业资本同时作为基金的有限合伙人，但出资比例较小，一般不超过 20%，其余部分资金由 PE 机构从其他渠道募得。这类并购基金只专注于该产业资本既定的项目，合伙期满如果项目未能退出，则由该大型产业资本收购，并购基金从而实现退出。

2. 券商系并购基金

2012 年 11 月，中国证券业协会发布《证券公司直接投资业务规范》，在直投基金的种类上进行了列举和明确，即"直投子公司及其下属机构可以设立和管理股权投资基金、创业投资基金、并购基金、夹层基金等直投基金"。该文件的发布为券商直投设立并购基金提供了直接的政策依据。

区别于其他并购基金，券商系并购基金具有如下优势：丰富的客户资源、资深的并购和直投团队以及丰富的行业研究经验。这些优势的发挥，将推动券商系并购基金抢占有利的并购市场。券商系并购基金在设立模式上主要分为三种（见图 3-4）：

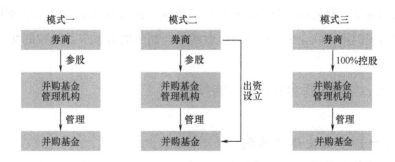

图 3-4 券商系并购基金的三种设立模式

模式一：券商参股并购基金管理机构，但不持有该机构发起的并购基金的份额。

模式二：券商参股并购基金管理机构，同时券商也出资持有该机构管理的并购基金份额，这一过程甚至伴随着同政府部门的合作。比如：2012年9月，广发证券与延安市政府签订了战略合作协议，广发信德与延安鼎源投资公司合作设立并购基金，首期设计规模为20亿元。基金主要在公共领域布局，重点投资公共照明、城市垃圾污泥处理、配煤技术示范点建设和固体废弃物处理等项目，投资推广低碳技术。

模式三：券商全资设立下属并购基金管理机构，该机构负责发起并购基金并且进行并购业务。如中信证券通过旗下直投子公司中信并购基金管理有限公司设立的规模100亿元的中信产业并购基金，中金证券通过旗下直投子公司设立的规模50亿元的中金佳泰产业整合基金。

3. 大型 PE 机构系并购基金

这类并购基金由国内已有多年成熟运作经验的大型 PE 机构发起，该类并购基金具有如下特点：

（1）投资策略多样化：可采取控股收购、少数股权投资参股收购、跨行业投资等策略。

（2）风险平衡多样化：在实施控股收购过程中，可采用参与上市公司定向增发及对未上市企业少数股权投资等手段。

国内比较典型的 PE 机构如弘毅、鼎晖等，其中弘毅投资多以参与国企改制为主，曾先后参与中联重科的收购及中国玻璃改制等，而鼎晖较为典型的案例则为联合中信产业基金收购绿叶制药集团50%控股权的交易。

三、并购基金的市场结构

（一）参与主体及角色

并购基金流程如下：基金募集、基金成立、登记备案、基金委托管理、并购交易、投后管理、基金增值与分红、基金退出与清算。在整个流程中主要涉及以下主体（见图3-5）：

基金投资者（出资人和受益人）：对具有潜在市场价值的并购基金进

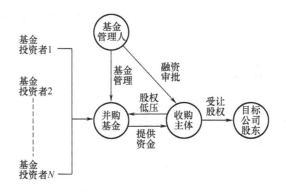

图 3 - 5　并购基金参与主体

行投资并获取退出增值收益。

金融机构：协助募集相应并购资金，并向并购整合活动提供资金或顾问支持。

基金管理人：专门负责对基金财产的投资管理和并购交易的整体策划。

基金托管人：一般为托管银行，负责保管基金财产并依照管理人的指示运用基金财产进行投资活动。另外，托管人还负有监督基金管理人的投资活动的职责。

中介服务机构：一般包括投融资平台、律师事务所、会计师事务所、投资银行机构、投融资咨询机构以及专业的研究机构等机构，主要提供法律和财务等方面的咨询服务。

政府及行业协会：各级政府推动、出台相关政策，促进（或阻碍）并购行业发展；行业协会（如中国并购公会）可为相关产业并购提供政策指导和行业发展咨询。

（二）产业结构

在国内，并购案例广泛分布于房地产、能源及矿产、生物技术、医疗健康、机械制造、电子及光电设备等 20 多个一级行业，并且集中于工业、农业与服务业（包括 IT、医疗、新能源等朝阳产业）。同时，连锁及零售、房地产等传统行业的收购维持在较高水平。鉴于我国经济发展地区不平衡的特点，并购基金目前主要集中在东部沿海经济发达地区及少数内地一线城市。

四、并购基金的运作模式

（一）并购基金与其他类型基金的区别

并购基金与其他基金有以下不同之处：从资金的募集角度来看，并购基金属于私募基金，主要采用向特定机构或个人非公开募集的方式筹集资金；从被投资企业的发展阶段来看，并购基金主要投资成熟期、具有稳定现金流的目标企业，而风险投资主要投资创业型企业；从对目标企业的控制权来看，并购基金意在获得目标企业的控制权，而其他私募股权投资对企业的控制意向不高（详见表3-1）。

表3-1　并购基金与其他类型投资基金的区别

基金类型	资金募集	投资对象	投资方式	交易方案及退出模式
并购基金	除成立时募集资金外，可能仍需多次融资	无特定行业限制；具有稳定现金流、相对成熟企业	控股或完全控股，以便在收购之后的整合过程中具有绝对优势	交易方案相对复杂，退出方式多样化（IPO、售出、管理层回购等）
创业投资基金	一般是一次性募集	关注高新技术领域；通常是处于初创或成长期，但有良好发展前景的企业	取得少部分股权，提供资金和管理等方面的援助	交易方案相对简单，退出方式单一（主要以IPO为主）
私募股权基金（狭义）	向特定机构或个人非公开一次性募集	已经形成一定规模，并产生稳定现金流的中后期企业，一般投资非上市公司，不会涉及邀约收购业务	以股权投资为主，较少涉及债权投资，流动性较差；对被投资企业的决策管理享有一定表决权；无须披露交易细节	交易方案相对简单，退出方式单一（主要以IPO及管理层回购为主）

（二）并购基金的运作特点

一是高风险。并购基金投资耗时长（3—5年，甚至更长），项目筛选有一定的盲目性，整合重组难度高，投资回报具有不确定性。这些特点决定了并购基金具有较高的投资风险。

二是高收益。假定并购基金的并购活动能够改善企业的经营管理，实现优化重组整合，提高经济效益，并通过 IPO 等多种方式帮助企业成功退出，那么并购基金将会带来数倍甚至数十倍的杠杆回报。

三是融资迅速。并购基金"集体投资、专家经营、高回报率、共同受益"的特点能够吸引众多中小投资者，从而增强并购基金在短时间内融通巨额资金的能力。

四是提供增值服务。并购基金在并购活动后将会为企业的战略制定、管理层安排、资产重组、财务管理、组织结构与业务流程再造等方面提供一系列服务与咨询，以期提高企业的经营管理水平，这也是并购基金安全退出的保障。

（三）并购基金的赢利模式

并购基金的七种赢利模式详见表 3 - 2。

表 3 - 2　并购基金的七种赢利模式

序号	营利模式	具体操作方式	举　例
1	打包收购 + 并购转让	通过各种方式打包，然后通过并购进行转让	并购基金进驻已经申请破产保护的美国通用汽车，通过债务重组、破产重整以及管理升级，整合其他的资产实现产业提升，重新再 IPO
2	弘毅模式整合上市	通过收购一家较大的行业公司，并整合行业几家较小公司，实现规模上市	弘毅收购江苏的一家玻璃企业，再整合其他的六七家玻璃企业，然后打包为中国玻璃在海外上市。由于投资金额大，收益达 7—10 倍
3	中信产业基金杠杆模式	协助产业资本并购，实现参股	三一重工联手中信产业基金收购德国普茨迈斯特的全部股权。过程中配套有并购基金参与，中信通过过桥融资，撮合一些并购贷款，帮助三一重工完成收购，之后中信占有并购对象 10% 的股权

序号	营利模式	具体操作方式	举 例
4	建银国际模式：并购借壳	借壳前在资产方先进行投资，再往上市公司里注入，赚股票二级市场的差价；如果股份比较大，未来还可以协助上市公司进行整合，不断往里装资产以实现收益	内蒙古煤业就是借壳上市的一个典型。其为内蒙古最好的煤业公司之一，煤炭发热量可达 9 000 大卡/千克，建银国际曾为之作过 10 亿元的融资，即先为其并购小煤矿提供资金，使之扩大年产量，然后再按照规定的流程作借壳上市
5	少数股权投资	通过二级市场收购持有 3%以上的股份，争取成为上市公司的董事，游说进行公司重组，以期股价能够得到进一步的提升，或不断增持股份实现控股	2012 年 4 月，长城国汇并购基金通过不断增持、举牌，成为 ST 天目第一大股东，成为国内第一个收购上市公司的私募股权基金，开创了国内并购基金成功入主上市公司的先河。在此之前，长城国汇还曾投资于国农科技 5%的股份
6	收购整合 + 换股转让	并购基金将收购的资产通过自己的整合，转让给上市公司，或者是通过换股的方式再变成上市公司的参股股东	这类案例中，并购基金收购的资产较多倾向于专利技术等无形资产，通过转让给上市公司或者置换股权等方式实现退出
7	合资组建并购基金实现强强联合	成立合伙制基金，整合各自在资源、管理团队等方面的优势，进行并购重组	2009 年凯雷投资集团和上海复星高科技集团有限公司已向雅士利注资，分别占其股份的 17.3%和 6%，成为战略股东，并于 2010 年共同组建一只联合品牌人民币基金。光大证券与罗斯柴尔德基金达成了战略合作，并组建并购基金等

资料来源：李盈《并购基金如何赚钱——六大盈利模式总结》，2012 年 4 月，作者整理更新。

第二章　"上市公司＋PE"模式并购基金解读

一、"上市公司＋PE"模式并购基金的发展概况

"上市公司＋PE"模式并购基金，是指A股上市公司与PE（私募股权基金）共同成立并购基金（基金形式主要为有限合伙企业，也有部分为有限责任公司或者资产管理计划），用于对新兴行业或者其他符合上市公司并购的项目进行股权投资。基金退出方式主要包括上市公司收购、IPO、股权转让、股权回购等方式。

在并购基金中，"上市公司＋PE"模式最受市场关注。其简化的运作流程是：上市公司与PE共同出资成立并购基金，PE担任普通合伙人，上市公司为有限合伙人；并购基金所需其余资金由PE负责向外部融资；PE主要负责并购基金的项目筛选调查、投资等资本运作；待所投项目成熟时由并购基金转让给上市公司，从而完成获利退出。

根据金融数据终端CVSource数据统计显示：2014年1月1日至2015年2月28日，共有173家上市公司与PE机构合作成立产业基金；从数量上看，占全部2 635家A股上市公司的6.6%。

上市公司参与并购基金主要分为两种，一种为上市公司主导，即所成立的并购基金的基金管理人或者普通合伙人为上市公司或其旗下企业。在这种类型的"上市公司＋PE"的合作中，外部PE更多的是作为简单的融资方；另一种为外部PE主导，即所成立的并购基金的基金管理人或者普通合伙人为与上市公司无关联的PE机构。在这种类型的合作中，外部PE作为并购基金的主导方，不仅作为基金管理人，而且还起到整合资源的

作用。

二、基于基金层面的"上市公司＋PE"并购基金市场解读

我国"上市公司＋PE"模式并购基金的首次运用是在2011年9月硅谷天堂在与大康牧业的合作中。之后，越来越多的上市公司开始与PE合作成立并购产业基金。自2013年起，开始进入"上市公司＋PE"模式并购产业基金的密集成立期，到2014年、2015年，这一趋势达到高潮。

根据统计，在2011年，仅有4支并购基金成立，目标基金规模仅为14亿元。到了2014年，上市公司与外部PE合作成立并购基金的数量已高达133支，较2011年增长32倍；目标基金规模886亿元，较2011年增长62倍。

从2014年1月至2015年2月上市公司与PE机构合作成立的并购基金数量和目标规模来看，随着时间的向后推进，基金的规模也在加剧上升。金融数据终端CV Source数据显示，"上市公司＋PE"模式并购基金成立的最高峰发生在2014年12月，这一个月内成立并购基金的数量达33支，目标基金规模为315亿元。

"上市公司＋PE"模式并购基金爆发的原因主要有两个方面：一是从上市公司层面看：①传统行业希望通过并购实现转型升级，新兴行业则希望通过并购掌握最新的技术、产业动态，实现产业链的完整布局；②2013年、2014年二级市场尤其是创业板和中小板的大牛市行情使得该板块上市公司的估值处在高位，从而推动上市公司通过并购享受一二级市场的估值差套利；③上市公司通过IPO或者定增等具有一定的资金储备，可以为并购提供资金支持。二是从VC/PE层面看：①IPO发行率低，VC/PE先期投资的大量项目面临基金到期、项目退出的压力，寄希望于将项目出售给上市公司实现退出；②传统PRE－IPO投资失落，VC/PE投资被迫转型，寻找新的投资模式；③VC/PE募资困难，"上市公司＋PE"这一模式由于有

上市公司作为隐形背书，对外募资相对容易。

（一）基金杠杆情况

在"上市公司＋PE"模式中，上市公司主要以有限合伙人的身份进行出资，其余资金一般由 PE 机构对外募集。换言之，"上市公司＋PE"这一模式可以使得上市公司获得一定的资金杠杆用于产业并购。

2014 年 1 月至 2015 年 2 月，上市公司与外部 PE 机构合作成立并购基金 161 支，其中目标基金规模和上市公司拟出资额两项全部披露的基金为 141 支，披露目标基金规模总额为 954.79 亿元，上市公司拟出资额为 164.18 亿元。从总体的目标基金规模与上市公司拟出资额的比例来看，可以推算，上市公司所用杠杆倍数为 5.8 倍。

另一方面，从上市公司参与产业基金的杠杆倍数分布来看，根据统计，杠杆倍数为 2—5 倍的基金所占比例最大，基金数量为 49 支，占比 35%；其次为 5—10 倍，基金数量为 34 支，所占比例为 24%。

（二）基金规模情况

上市公司与 PE 合作成立的产业基金中，披露目标基金规模的为 158 支，披露目标基金总额为 1 094.82 亿元。从目标基金规模的具体分布来看，2—5 亿元所占比例最大，占比近 1/3；目标基金规模在 1—2 亿元和 5—10 亿元的基金分别占约 1/4 的份额。1—10 亿元的基金合计占比达 79%。从目标基金规模可以看出，"上市公司＋PE"这一模式更加侧重于对项目标的的股权投资或者并购，体现出较强的产业资本属性。

（三）参与基金类型

根据统计，在上市公司与 PE 机构合作成立的 161 支基金中，披露基金投资主题的有 153 支。其中，投资主题明确为并购的为 75 支，占比 49%；创投以及成长两个范围都涵盖的为 34 支，占比 22%；成长基金为 16 支，占比 11%。事实上，无论是并购基金还是创投、成长基金，在"上市公司＋PE"这一模式中，基金的首要目标都是围绕上市公司的收购战略，区分主要在于投资标的的发展阶段不同。

除上述投资主题外，还有两个亮点值得引起注意：一个亮点是在这

161 支产业基金中，有 7 支基金中将引入地方政府或者科技部的引导基金作为 LP，体现出上市公司、地方政府以及 PE 三者之间的合作共赢关系。另一个亮点是有 1 支基金为新三板股权投资基金，专注于新三板的投资并购机会。一方面，新三板提供了良好的并购标的项目池，另一方面，新三板是 A 股的上市培育平台，再加上 PE 机构专业化的资本运作，因此，这一模式将形成强有力的资本运作示范效应。

（四）基金参与程度

金融数据终端 CV Source 数据显示，2014 年 1 月至 2015 年 2 月，共披露有 123 家 PE 机构、154 家上市公司合作成立并购产业基金。其中，有 86% 的 PE 机构、95% 的上市公司只发起设立 1 支并购产业基金。从中可以看出，在此期间虽然"上市公司 + PE"这一模式十分火热，但是绝大多数并购基金的成立仍处于学习尝试阶段，相关的资本运作尚不成熟。同时，亦有少数 PE 机构紧紧抓住这一市场热点，后来居上，与多家上市公司合作成立并购产业基金。

三、基于上市公司层面的"上市公司 + PE"并购基金情况解读

（一）上市公司的行业分布

根据统计，在上市公司与 PE 机构合作成立的 161 支并购产业基金中，上市公司集中分布在 3 大行业，分别为"制造业""信息传输、软件和信息技术服务业""房地产业"。其中，来自制造业的上市公司独占半壁江山，合计成立并购产业基金达到 93 支，占比 57.8%；信息传输、软件和信息技术服务业，合计成立 15 支，占比 9.3%；房地产业合计成立 11 支，占比 6.8%。其余 42 支并购产业基金的上市公司分布在 14 个行业，占比仅为 26.1%，相对比较分散。

制造业成为"上市公司 + PE"的主体力量的主要原因在于，一方面制造业传统的发展模式面临成本上升和增长瓶颈，另一方面移动互联网浪潮

正在对传统制造业形成颠覆之势。在内外压力的倒逼下，传统的制造业选择通过与 PE 机构合作，亟待投资或并购新兴产业，从而实现产业升级或者转型。

（二）上市公司的地域分布

根据各地上市公司参与设立的产业基金的数量，可以分为四个梯队。其中，广东省一枝独秀，上市公司参与设立的产业基金高达 40 支，占全部 161 支产业基金的比例为 24.8%，独占第一梯队；处于第二梯队的是上海、北京、江苏，平均拥有 16 家，占全部样本的比例为 9.9%；第三梯队的是浙江、湖南、湖北、山东，平均拥有 8 家上市公司参与设立产业基金。北上广以及江浙、两湖是上市公司的聚集地，同时北上广也是 PE 机构的聚集地。双重作用下，上市公司的产业资本与 PE 所管理的金融资本的融合更加活跃发达，也使这些区域成为上市公司与 PE 合作成立产业基金的聚集区域。

（三）上市公司的交易所板块分布

根据统计，在上市公司与 PE 合作成立的 161 支产业基金中，来自深交所的上市公司所成立的产业基金数量以 121 支、占比 75% 的绝对优势力压上交所。其中，中小板和创业板在与 PE 机构的合作中更为活跃，两者以合计成立 97 支、占全部样本 60% 的优势超越上交所、深交所主板市场。

（四）单家上市公司成立基金的数量和规模

金融数据终端 CV Source 数据显示，2014 年 1 月 1 日至 2015 年 2 月 28 日，共有 154 家上市公司与外部 PE 机构合作成立 161 支产业基金。其中，147 家上市公司仅成立了 1 支基金，7 家参与设立 2 支基金，没有上市公司与外部 PE 机构参与设立 2 支以上产业基金。"上市公司 + PE"作为一种新兴的合作模式，虽然在 2014 年十分火热，但是即使对于参与成立产业基金的上市公司来讲，依然还处于学习尝试阶段，相关的操作运营尚未成熟，有的甚至只是炒作相关概念，设立 1 支"重在参与"。

根据统计，共有 145 支产业基金披露了上市公司拟出资金额，披露金额规模总计 166.04 亿元。其中，98% 的基金中上市公司拟出资金额在

1 000万至5亿元之间。即使在1 000万至5亿元这个区间内，上市公司的拟出资金额分布也比较分散，1 000万以下、1 000—3 000万、3 000—5 000万、5 000万—1亿以及1—5亿各个区间基金数量在30支左右，所占比例在20%上下。而5亿元以上的基金数量仅有3支，占披露的145支产业基金的比例仅为2%。

第三章　并购贷款

一、并购贷款的概念

根据银监会 2008 年 12 月印发的《商业银行并购贷款风险管理指引》的规定，所谓并购，是指境内并购方企业通过受让现有股权、认购新增股权，或收购资产、承接债务等方式，以实现合并或实际控制已设立并持续经营的目标企业的交易行为。而并购贷款，是指商业银行针对并购方企业或并购方控股子公司发放的，用于支付并购交易价款的贷款。并购贷款是针对境内优势客户在改制、改组过程中，有偿兼并、收购国内其他企事业法人、已建成项目，及进行资产、债务重组中产生的融资需求而发放的贷款。

二、并购贷款政策的发展

出于确保贷款的安全性的需要，我国的商业银行贷款此前是禁止投入股权领域的，且 1996 年央行制定的《贷款通则》明确规定，商业银行不许提供并购贷款。

但自 2005 年以来，商业银行经事前向银监会报批确认合规后，向中石油、中石化、中海油、华能、国航发放了相应贷款，用于从事股权并购，即所谓的"一事一批"制度。"一事一批"制度的普遍模式是：商业银行先出具有条件的融资承诺函，向监管机构请示确认办理股权融资业务的合规性，获得批准后再实际发放贷款。

2008 年 6 月 29 日，国务院颁布的《关于支持汶川地震灾后恢复重建政策措施的意见》提出灾后重建的财政支出、税收、金融、产业扶持等多方面政策，其中提到"允许银行业金融机构开展并购贷款业务"。

2008 年 12 月 3 日，国务院颁布的"金融国九条"第五条明确提出"通过并购贷款等多种形式，拓宽企业融资渠道"。

2008 年 12 月 9 日，中国银监会发布《商业银行并购贷款风险管理指引》，允许符合条件的商业银行开展并购贷款业务。这是并购贷款开闸后，中国银行界首次推出并购贷款。银监会规定并购贷款的基本原则是，既要在最大限度上满足市场需求，又要有利于商业银行控制贷款风险。主要规定有：并购贷款占并购资金的比例不超过 50%；贷款期限一般不超过 5 年；商业银行全部并购贷款余额不超过其同期银行核心资本的 50%，对同一借款人并购贷款余额不超过同期核心资本的 5%。

2014 年 3 月 24 日国务院公布《关于进一步优化企业兼并重组市场环境的意见》（下文简称《意见》），这一重磅级政策从行政审批、交易机制、金融支持、支付手段、产业引导等方面进行梳理革新，全面推进并购重组市场化改革。《意见》明确提出："引导商业银行在风险可控的前提下积极稳妥开展并购贷款业务。推动商业银行对兼并重组企业实行综合授信，改善对企业兼并重组的信贷服务。"

2015 年 3 月 12 日，银监会对 2008 年出台的《商业银行并购贷款风险管理指引》进行了修订发布，主要的政策调整包括以下三个方面：将并购贷款的期限从之前规定的 5 年延长至 7 年；将并购贷款对并购交易价款的占比从 50% 提高到 60%；取消了并购贷款担保的强制性要求。

总的来看，我国并购融资制度还不完善，金融机构为股权交易的并购活动提供信贷资金受到诸多制约。我国对企业债的发债主体也有着严格的限制。例如，债券的发行有年度总额度的控制、利率水平的管制和用途的限制等。权益融资方面，由于公开发行需要通过中国证监会发行审核委员会的核准，效率较低。

三、并购贷款发放对象及用途

（一）并购贷款发放对象

（1）国家重点发展和支持的行业内的企业并购；

（2）某行业内国家重点发展和支持的企业并购或者项目并购；

（3）具有强大竞争优势、处于行业龙头地位的企业展开的并购项目；

（4）优势企业之间的强强联合；

（5）有较强的发展潜力和经济效益的并购项目。

（二）并购贷款用途

贷款使用范围仅限于并购方或其控股子公司为受让股权、认购新增股权、收购资产或承接债务所支付的款项，不得用于并购方或其可控制子公司在并购协议下所支付的其他款项，也不得用于并购之外的其他用途。

四、并购贷款的形式

并购贷款主要有以下几种形式：过桥贷款、定期贷款、银团贷款、有担保和无担保贷款、重组贷款等。

（一）过桥贷款

在并购交易中，对于中长期资金的使用决策往往会耗时较长，然而交易的继续进行有时无法等待决策出台，这时需要一种过渡性的短期贷款，由一个资金提供者充当临时贷款人的角色，这种贷款即为过桥贷款。

过桥贷款的特点有：过桥贷款使购买时机直接资本化；过桥贷款的时限较短，一般不会超过一年的时间；其利率相对其他贷款较高；以一些抵押品诸如房地产或存货作为抵押。

（二）定期贷款

定期贷款是指贷款的期限在2—3年至10年以内，贷款银行和借款人事先确定一个约定额度和持续时间，在此期间内，借款人有权按照约定，在借款的最大允许总额范围内，全部或部分提取贷款承诺资金获得贷款资金。

定期贷款的特点：可采用多币种、固定利息或浮动利息，设定担保或未设定担保，分期偿还或一次偿还的方式，也可以采用银团贷款的模式，具有一定的灵活性。

（三）银团贷款

银团贷款又称为辛迪加贷款（Syndicated Load），指由一家或多家银行牵头，多家银行联合组成贷款集团，依据同样的贷款条件并使用一份共同的贷款合同，各自按一定的比例，共同向借款人提供一笔中长期贷款。

与传统的双边贷款比，银团贷款具有筹资数目大、贷款时限较长、风险分散以及合作性强等特点。但由于参与方较多，其法律关系较为复杂。

（四）有担保和无担保贷款

有担保贷款方式是指借款人或保证人以一定财产作抵押或质押，或凭保证人的信用承诺而发放贷款的贷款方式。贷款担保方式有保证、抵押和质押三种方式。这三种担保方式既可以单独使用，也可以结合使用。在并购贷款中，借款人往往以目标公司的资产或者未来现金流设定担保，不是以借款人的偿债能力作为借款的条件，而是以被并购对象的偿债能力作为条件。无担保贷款则不需要任何抵押或质押。

（五）重组贷款

重组贷款指在借款人发生及预见其可能发生财务困难，或借款人、保证人发生资产重组，致使其不能按时偿还银行贷款的情况下，银行为维护债权和减少损失，在切实加强风险防范的前提下，与借款人达成修改贷款偿还条件的协议，对借款人、保证人、担保方式、还款期限、适用利率、还款方式等要素进行调节。

重组贷款的特点为：主体必须一方是贷款银行（债权人），另一方是借款人（债务人）；必须在原贷款合同的基础上修改还款条件；必须是为增强借款人的还款意愿，借款人承诺清偿全部或部分债务，同时贷款银行做出权益让步，以减免部分债务、推迟时限债权或变更债权实现方式为代价；必须有利于增强借款人的经营能力和发展后劲，有利于保证贷款银行的债权安全性、降低金融风险，同时有利于维护国家金融安全、保持社会稳定。

五、并购贷款区别于传统商业银行贷款的特点

（一）准入条件和杠杆率标准

并购贷款在风险管理、把握宏观导向、产业导向，以及企业经营状况、财务数据分析方面的要求比普通贷款更高，对并购企业在信用等级、投融资能力、经营管理能力、赢利能力、资产负债率等方面有更严格的要求。

（二）放贷要求

并购融资要求并购交易本身能够覆盖并购融资偿还的风险，并购后双方的协同效益能否实现是发放并购贷款的核心条件。

（三）风险评估

并购贷款不但要像传统信贷业务一样评估借款人的信用能力，更重要的是对目标企业进行详细的尽职调查和风险评估，对并购方和目标企业财务状况进行比较高层次的分析。

（四）还款来源

一般贷款的本利是由现有企业未来的赢利归还，而并购贷款是由重组整合后的企业的现金流偿还，这是并购贷款和一般商贷最本质的区别。

（五）还款顺序

如果并购贷款用于并购股权，则只能以股权分红来偿还债务，债务偿还是次优的，而传统商债在债务还款顺序上是最优的。

（六）资产监管要求

对并购贷款来讲，贷款的发放只是事情的开始，后面的整合与运营才是成败的关键。贷款银行不但要了解目标企业的经营动向，还要参与重大经营活动的决策。

（七）法律监管

并购贷款所受法律监管更具复杂性，要求业务团队具备并购咨询专业方面的丰富法律知识和经验。

（八）还款利率

由于并购交易的不确定因素较多，如资本市场出现异常情况等，可能导致收购方原定的再融资计划不能如期实现，所以，并购贷款的利率较一般贷款高。

（九）境外并购业务

海外并购业务突破了商业银行传统的授信范围，需要商业银行具备跨境运作能力。

六、并购贷款的基本流程

（一）业务受理

并购方或被并购方向经办行对公业务部门提出办理并购财务顾问业务申请。

（二）业务初审

1. 一级分行审核

一级分行投行部进行判断，就并购信息的完整性、真实性进行初步审核，提出初步可行性意见，决定是否立项（分行立项）。如为重点并购项目（具体标准见指导意见），需将相关资料报总行投行部决定是否立项。

2. 重点项目总行审定

总行投行部根据分行提交的经审核后的资料、分行审核意见提出初步意见，决定是否立项（重点并购项目总行立项），并向分行反馈初步建议。

（三）尽职调查

1. 尽职调查立项

尽职调查立项主要是对并购项目在战略风险、财务风险、法律风险、协同效应风险、并购交易结构风险等方面进行初步评价，决定是否有必要进行尽职调查。

2. 尽职调查的目的

尽职调查的目的是为了进行并购项目估值及定价、确定交易结构及条款、设计后续整合方案。

3. 尽职调查的方式

尽职调查有多种方式，并无绝对优劣，而应根据调查事项的特点选择合适的方式。典型的尽职调查方式有：实地考察、访谈、独立调查、聘请专业机构调查、公司出具文件、权威机构出具资料等。

（四）审查审批

1. 集体审议

贷款审批权限行的投资银行部将尽职调查报告送同级并购贷款审批委员会进行集体审议。集体审议时由尽职调查与风险评估专业团队中的人员陈述调查报告。

2. 有权审批人签批

并购贷款经并购贷款审批委员会集体审议通过后，由授信管理部有权审签人员双签。

（五）并购贷款合同签署

并购贷款合同中包括但不限于以下内容：

（1）借款人或并购后企业重要财务指标的约束性条款。

（2）对借款人特定情形下获得的额外现金流用于提前还款的强制性条款。

（3）对借款人或并购后企业的主要或专用账户的监控条款。

（4）确保银行对重大事项知情权或认可权的借款人承诺条款。

（六）贷款发放

贷款发放行的公司业务部发放并购贷款，并要求并购方在发放行开立资金专户，对贷款资金进行监管，保证专款专用。

并购贷款用于跨地区并购的，要求借款人在异地银行分支机构开立专户，跨省使用的贷款由总行协调异地一级或直属分行监督贷款专款专用，省市内跨地区使用的贷款由一级分行协调异地分支机构监督贷款专款专用。

(七) 贷后管理

并购贷款业务的贷后管理按照目前贷后管理的相关流程办理。应加强对并购及资产、债务重组行为的跟踪与监控，及时采取有效措施落实银行债权，防止国家信贷资产流失。在进行贷后管理时，应重点分析和关注以下情形：

(1) 并购项目的进度是否按计划进行，并购项目中各方资金是否到位，项目的情况是否出现变动等。对于异地并购项目，必要时需要到实地检查上述内容。

(2) 并购项目生产经营是否正常，由项目产生的还贷资金是否能达到调查报告的要求，对于异地项目，必要时需要到实地检查上述内容。

(3) 在贷款存续期间，应定期评估并购双方未来现金流的可预测性和稳定性，定期评估借款人的还款计划与还款来源是否匹配。

(4) 在贷款存续期间，应密切关注借款合同中关键条款的履行情况，并购贷款专户中的现金收支情况。

(5) 在贷款存续期间，并购方应每季度提供财务报表及其他相关材料，并对其未来一年的经营及现金情况进行预测，就此财务预测与实际财务报告进行比较。

(6) 按照不低于其他贷款种类的频率和标准对并购贷款进行风险分类和计提拨备。

(7) 并购贷款出现不良时，应及时采取贷款清收、保全，以及处置抵(质)押物、依法接管企业经营权等风险控制措施。

(8) 应明确并购贷款业务内部报告的内容、路线和频率，并应每年对并购贷款业务的合规性和资产价值变化进行内部检查和独立的内部审计，对其风险状况进行全面评估。

(9) 当出现并购贷款集中度趋高、风险分类趋降等情形时，应提高内部报告、检查和评估的频率。

案例 华药股份的并购贷款

2009 年中信银行为华北制药股份有限公司（以下简称"华药股份"）提供人民币 6 000 万元并购贷款融资，用于收购双日株式会社、双日（中国）有限公司所持有华北制药集团倍达有限公司各 15% 的股权，从而实现华药股份对倍达公司的 100% 控股。此笔融资为河北省首笔并购贷款。

1. 交易结构

● 并购贷款结构

并购贷款的结构如图 3-6 所示。

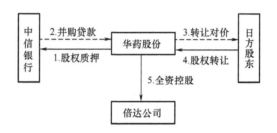

图 3-6 并购贷款结构示意图

● 担保方式

以华药股份持有倍达公司不低于 30% 的股份作为质押。

● 还款来源

根据华药股份与荷兰蒂斯曼集团（DSM）签订的合作协议，倍达公司将向华药股份和 DSM 设立的合营公司帝斯曼华北制药中间体制药（石家庄）有限公司出售部分资产，所获得的对价可以分红方式转至华药股份，作为还款来源之一。

若贷款到期时新设立的合营公司尚未完成对倍达公司的收购，则由华药股份以收到的退款或以自有资金或自筹资金偿还并购贷款本息。

● 风险控制

在此并购贷款项目中，风险主要为法律风险、整合风险、财务风险、行业风险、资金使用风险等方面。上述风险应分别加以识别，采取防范化解措施。

2. 交易影响

华药股份是倍达公司的控股股东，倍达公司的产品完全符合华药股份的发展战略。倍达公司完善的产品链、先进的生产设备和管理方式使其成为华药股份优秀的子公司。

华药股份增持倍达公司股权可以充分发挥规模效应，提高企业研发能力，优化企业经营管理，增强企业市场竞争力，预期会产生良好的协同效应。

通过对倍达公司的股权收购，华药集团的综合实力得到进一步加强。

第四章 并购债券

一、并购债券的概念

并购债券是债券市场相关监管部门推出的专门用于并购的企业债券。近几年来，我国企业并购重组较为活跃，这种活跃既表现在国内并购市场，也表现在国内企业海外并购市场。但与之不相适应的是企业并购融资渠道的匮乏与不畅。对于贷款融资而言，当前并购贷款对于并购主体和被并购主体的要求都很高，且贷款审批所需的时间较长；股权融资方面，上市公司的股权并购方式操作周期较长；而定向增发新股融资只适用于实力雄厚、业绩良好的已经上市或具备上市条件的股份公司。对大部分并购企业而言，这些融资方式"可望而不可即"。因此，运用债券融资方式为并购活动服务比并购贷款、股权并购等方式更有优势。基于此，市场上要求推出并购债券的呼声此起彼伏。

二、政策指引

早在 2009 年，银行间交易商协会也开始研究推出并购票据的可能性，之后又于 2010 年开展座谈会探讨有关并购重组债务融资工具推出的可能性及技术难题。

2014 年 1 月，发改委有关负责人就企业债券市场发展有关情况答记者问时表示："将创新企业债券品种，发展专项收购兼并债券。"

上海证券交易所 2014 年重点工作内容包括：积极推动并购重组市场化

改革，努力盘活存量，研究创新并购债券、并购基金、过桥贷款等配套措施，推进上市公司存量结构优化调整。

国务院于 2014 年 3 月正式印发的《关于进一步优化企业兼并重组市场环境的意见》中明确提出："符合条件的企业可以通过发行股票、企业债券、非金融企业债务融资工具、可转换债券等方式融资。允许符合条件的企业发行优先股、定向发行可转换债券作为兼并重组支付方式，研究推进定向权证等作为支付方式。鼓励证券公司开展兼并重组融资业务，各类财务投资主体可以通过设立股权投资基金、创业投资基金、产业投资基金、并购基金等形式参与兼并重组。"

三、国内外相关实践经验

（一）国际经验

根据国际并购融资的经验来看，债券是国外成熟市场并购融资的主要方式之一，特别是高收益债券，为并购活动提供了大量的融资。在西方经历的五次并购浪潮中，高收益债券主导了 20 世纪 80 年代的第四次并购浪潮。投资银行通过金融制度和金融工具的创新，设计了多层次的融资体系，创新了并购债务融资手段，降低了收购者的融资成本和债务负担。高收益债券成为并购收购的重要融资工具，并促成了一系列大型并购活动。以杠杆收购闻名于世的 KKR 公司为了收购美国雷诺兹—纳贝斯克（RJR Nabisco）公司，由米尔肯为其发行债券筹资，结果以 250 亿美元的高价收购了雷诺兹—纳贝斯克公司，其中 99.04% 的资金是靠发行债券筹得的，克莱维斯本人动用的资金仅为 1.59 亿美元。

自 20 世纪 80 年代以来，债券融资已经成为发达国家并购融资的主要手段，特别是在杠杆收购中，收购方企业用于收购的自有资金只占收购总金额的 10% 左右，其余大部分则通过贷款及发行高收益债券筹得。债券融资的比重更高，最高可达到融资总额的 40%。从 1980 年至 1990 年，美国企业并购业务中通过债务融资筹集的资金在企业外源筹资中所占的比重为

60.25%，远大于股权融资所筹资金。

（二）国内实践

按照国外的发展经验，我国并购债券市场发展空间巨大。据中信证券（股票代码：600030）投资银行高级经理赖嘉凌2013年测算，参照国外并购融资债券占比40%—50%的水平，我国债券并购融资约有2.5万亿—3万亿元的资金缺口。

对于并购债这一新概念，至今深交所还没有做出反应，但是上交所和银行间债券市场2013年各上市了一只并购债。虽然上交所和银行间债券市场的两只并购债并非真正意义上的用于支付并购价款的债券，但是已经为真正意义的并购债提供了借鉴和思考。

2013年2月天瑞集团水泥有限公司发行了"13天瑞水泥债"，发行总额20亿元，华西证券作为主承销商，海通证券和宏源证券为副承销商，新时代证券、华创证券和西南证券为分销商，最终顺利完成了第一只在上交所上市的并购债。根据募集说明书，"13天瑞水泥债"由天瑞集团水泥有限公司发行，规模共20亿元，其中的1.60亿元用于补充公司营运资金，其余18.40亿元将全部用于收购河南省、辽宁省和其他地区的熟料及水泥生产线。经鹏元资信评估有限公司综合评定，发行人主体、债券信用等级都为AA＋。该并购债期限为8年，采用固定利率方式，存续期内票面年利率为7.10%（根据Shibor基准利率加上基本利差2.70个百分点确定），在第5年末附发行人上调票面利率选择权及投资者回售选择权。此外，该并购债由天瑞集团铸造有限公司、天瑞集团旅游发展有限公司共同为本期债券本金及其应计利息提供全额不可撤销的连带担保。

天瑞水泥成为首单并购企业债意义重大，是水泥行业运用金融工具并购的典型案例，为其他水泥企业下一步的并购渠道提供了方向。相信在政策的支持下，水泥企业兼并重组的积极性将大大增加，并进一步助推行业市场集中度的大幅提高。

2013年5月20日浦发银行（股票代码：600000）承销发行湖南黄金集团有限责任公司1.48亿元私募并购债。此次发行的并购非公开定向债务融资工具，是指非金融企业在银行间债券市场发行的，募集资金用于非金融企业并购活动，约定在一定期限内还本付息的中期票据，湖南黄金集团将用此次并购债的募集资金归还原并购贷款。不过，此"并购债"并非真正意义上的并购债，而只是用于置换并购贷款，并未直接支付并购价款。从某种意义上说，只能算"类并购债"。

继首单并购企业债"13 天瑞水泥债"发行后，我国债券市场迎来了第二单并购企业债，即"14 天瑞集团债"，其发债额度将达到 50 亿天量，创下民营企业单次发债的记录。该债券由华西证券与国开证券担任联合主承销商。该笔债券于 2014 年 6 月 17 日完成信息披露，于 6 月 24 日进行簿记建档。根据已公告的发行文件，本期天瑞集团债以簿记建档、集中配售的方式向在中央国债登记结算公司或中国证券登记结算公司开户的合格投资者分期发行，首期发行规模为 10 亿元。在债券品种选择上亦有两种，其一为 12 年期债券，在第 7 和第 10 年末附发行人上调票面利率选择权及投资者回售选择权，预设发行规模 3 亿；其二为 10 年期债券，在第 5 和第 8 年末附发行人上调票面利率选择权及投资者回售选择权，预设发行规模 7 亿。本期债券于 6 月 27 日完成发行。14 天瑞集团债募集资金将主要用于天瑞集团收购河南省和辽宁省的水泥企业，以及对所收购的和现有的生产线进行技术改造，通过拆除报废或海外市场拓展实现化解国内水泥产能。一旦募投项目投资完成后，预计将为天瑞集团新增销售收入 88.2 亿元/年，新增净利润 10.98 亿元/年。

根据"14 天瑞集团债"募集说明书，在未来 3—5 年内，天瑞水泥计划实现水泥产能 1 亿吨，销售收入 500 亿元，净利润 50 亿元，在河南市场的占有率达到 50%，在辽宁市场的占有率达到 35%，在全国的市场占有率达到 5%。而这些目标的实现，主要靠并购重组完成。

另据 2014 年 6 月《经济参考报》报道，第一单真正用于支付并购价款的债券融资工具产品在银行间市场推出。该债券为定向发行，发行企业为一家矿产企业，其拟收购另一矿产企业。主承销商为中信证券，预计发行规模将达 10 亿元，这是 2014 年 5 月中国银行间交易商协会在主承销商会议上表示将考虑将债务融资工具募集资金用途拓展至支付并购价款后第一个尝试的真正并购债。

2015 年 10 月 22 日由恒丰银行和南京银行主承销的北京海国鑫泰投资控股中心 2015 年度第一期中期票据在银行间债券市场成功发行。这意味着中国境内首单以公募方式发行的直接支付价款的并购债正式落地，根据此笔交易披露的相关信息了解到，此次北京海国鑫泰投资控股中心的公募并购债期限为 5 年，票面利率 4.38%，简称"15 海国鑫泰 MTN001"。在发行方式方面，它通过面向承销团成员簿记建档、集中配售方式在全国银行间债券市场公开发行。在资金用途上，所募集资金用于收购两家标的公司 100% 股权。此外，该公募债的设计还根据并购付款进度分为两期，每期各发行 5 亿元，以提高资金使用效率。

事实上，国内公募并购债发行早有先例。据统计，此前经中国银行间市场交易商协会评议并完成发行的并购债总共 9 单，发行金额合计 156.38 亿元。比如 2014 年 12 月，渤海银行就曾主承销了"中国核工业建设集团公司 2014 年第二期中期票据"发行。同年 11 月，39.6 亿元的五年期"招商局集团 2014 年度第二期中期票据"也在银行间市场成功发行。然而这些并购债大多采用了"置换并购融资"模式，即用发债所融得资金去替换融资贷款，而并非直接支付并购价款，严格来讲，并未体现并购债的精髓。而此次"15 海国鑫泰 MTN001"被市场看作是银行间债券市场首单真正的公募并购债。

另外，中国银行间市场交易商协会相关人士表示，相较于私募方式发行，公募发行方式要对企业进行相对较多的公开信息披露，融资成本低，有利于拓宽企业并购融资的渠道和手段，不断提高融资效率。

四、并购债券的优势

第一，债券市场参与并购融资，可以补充并购资金来源，促进并购重组活动的顺利实施，推动产业结构调整。发行债券参与并购融资，对于推动债券市场发展也有积极意义。

第二，相比并购贷款，并购债募集资金最高可占并购项目总金额的60%，突破了并购贷款50%的限制。而且，另外40%的资金通过夹层设计，或者用理财资金对接即可。

第三，并购债利率相比其他并购金融工具一般要低。目前并购贷款的年利率为贷款基准利率上浮40%左右，也就是6%—8.4%，很少低于基准利率。一般只有跨境并购时，因为外币利率低，并购贷款才可能低于6%。而并购债的成本由市场决定，在市场资金面相对宽松的情况下，并购债利率会相对比较低。由此，选择并购债融资可以降低企业的财务费用。

五、并购债券的不足

第一，相较于并购贷款等传统方式，并购债券最大的问题是其在信息披露方面不占优势。一般而言，不到并购的最后一步，并购对象、并购价格等都是保密的，但是公开发行债券又对信息披露要求较高，这两者有一定矛盾。但若选择私募（定向）发行，虽然信息披露问题解决了，但实际上和目前银行的并购贷款就比较类似了，并且私募发行中的投资者对企业的了解还不如银行对企业的了解多。不过，并购债券获取资金速度要更快一些，这是它的优势。

第二，并购债审核流程相对较长，不仅需要行内审批，还需要到交易商协会报批；并购债无论是公开募集还是私募，都会涉及项目信息的公开，这尤其对上市公司的并购不利。

六、我国推进并购债券的措施

第一，采用分两步走的发展路径，积极稳妥地推出并购债券。第一步，在债务融资工具制度框架下，拓宽资金募集用途，允许募集资金用于并购重组，并针对并购交易的特殊性做出适当调整；第二步，开发专门的以企业并购为目的的高收益债券。

第二，以风险控制为首要原则，设计投资者保护机制。由于并购行为本身具有很大的风险性，对于用于企业兼并重组的债券融资工具，应考虑设计保护投资者利益的特别条款。例如：限制收购人过度举债，以发债的先后顺序确定偿债的优先级别，设立提前偿还机制等。

第三，谨慎选择投资主体。建议监管部门放宽对机构投资者的投资限制，引入证券公司、私募基金、国外金融机构等具有一定风险偏好和认可兼并重组价值的机构投资者作为兼并重组债券融资工具的投资者。

第四，应针对并购交易特点进行创新设计。例如为优质企业备案并购票据的长期专用额度，设立循环融资安排，采用私募发行方式，满足兼并重组融资的时效性和保密性要求。

第五章　杠杆收购

一、杠杆收购的概念

杠杆收购（Leveraged Buyout，LBO）又称融资并购，是一种高度依赖借贷资金的收购方式，杠杆收购方主要采用借债方式来满足收购的资金需求，并以被收购资产作为抵押，以其收益产生的现金流偿还债务。

作为现金收购方式的一种，杠杆收购的主要特点是，收购资金绝大部分是负债。通常在欧洲杠杆收购案例中，其总债务为总购价的70%—80%，而在美国其比例为90%或更高。

杠杆收购的主体一般是专业的投资公司。投资公司收购目标企业时以合适的价格买下公司，通过经营使公司增值，并借助财务杠杆增加投资收益。通常投资公司只出少部分的自有款项，资金大部分来自银行借款、非银行机构借款和发行垃圾债券，由被收购公司的资产和未来现金流量及收益作担保并用来还本付息。投资公司在操作过程中一般会安排过桥贷款作为短期融资，然后通过举债完成收购。杠杆收购在国外往往是由被收购企业发行大量的垃圾债券，成立一个股权高度集中、高财务杠杆的新公司。在中国由于垃圾债券市场尚未发展，收购者大都是用被收购公司的股权作质押向银行借贷来完成收购。

杠杆收购的流程如图3-7所示。

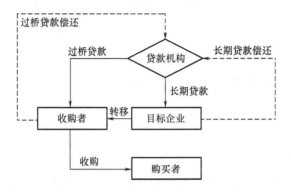

图 3 - 7　杠杆收购流程图

注：过桥贷款和长期贷款的贷款人不一定是同一方。

二、国内外杠杆收购的融资来源

（一）国外情况

在欧美典型杠杆收购案例中，其资金来源主要是三种：

1. 优先债务

优先债务又被称为一级银行贷款，意味着在目标公司产生现金流时，债权人有优先清偿权。此类债务通常由银行持有债权，主要包括周转信贷额度、定期贷款两类。

2. 次级债务

次级债务是杠杆收购除银行贷款之外的另一种重要的融资渠道。对次级债务的债权人而言，在目标公司获得现金流时或破产清算时，次级债务债权人的资产求偿权排在优先级债务之后。相比优先级债务，次级债务通常比优先级债务的收益率更高、期限更长、约束条款更少。次级债务通常包括垃圾债券、过桥贷款、夹层债务三种。

3. 权益资金

权益融资是杠杆收购的最后部分融资，由收购方自身筹措。作为杠杆收购的非债务融资，权益融资承担着最终的资产求偿权利以及最高的风险、最高的回报率，通常以普通股、优先股两种方式存在。

（二）国内情况

相比之下，由于中国金融市场尤其是企业债市场的不完善，中国企业杠杆收购的融资渠道显得极为有限，尤其是债务融资方面，极度依赖银行。

1. 债务资金

在中国，主要由商业银行为杠杆收购资金提供债务融资——包括抵押贷款、担保贷款、股权质押贷款。由于法律约束的原因，在中国从事杠杆收购的企业，不能做到像欧美一样，得到来自保险公司、养老基金提供的抵押贷款，或发行垃圾债券以及获得来自投资银行提供的过桥贷款。除开上述提到的过桥贷款、垃圾债券之外，我国还缺乏欧美金融市场为并购提供的卖方融资、公司债券、次级票据、商业票据等混合融资方式。同时，中国企业缺乏相应的金融工具规避利率风险，无法应用国际上流行的一些金融衍生品种（如利率掉期等）来控制利率风险。

2. 权益资金

在权益资金方面，中国的杠杆收购权益融资品种与国外相比差距不大。在现行制度下，工商企业、投资信托是权益资金的投资主体，私募股权基金、风险投资公司的兴起也为杠杆收购的权益融资提供了更多的渠道。但是，比起国外的多元化融资渠道（如夹层融资、优先股融资），中国在此方面还有待完善。

三、杠杆收购的实施

杠杆收购必须考虑到债务的偿还能力，采用这种大量举债的收购方式，必须要有足够的信心偿还债务和利息。杠杆收购的目标企业大都是具有较高而且稳定的现金流产生能力，或者是通过出售或关停目标公司部分不赢利业务和经过整顿后可以大大降低成本，提高利润空间的企业。因为杠杆收购需要通过借债完成，因此目标企业本身的负债比率必须较低。

杠杆收购一般都采取管理层收购（MBO）/管理层换购（MBI）的操作方式，也就是要组建一个可能包括目标企业内部管理层和引进管理层在内的新管理层。杠杆收购完成后，通常会以各种安排使管理人员的持股比例达到20%—30%，这样将大大提高管理人员的经营积极性，加快现金回流和偿还巨额债务。

在具体应用杠杆收购时，一般有以下阶段：

第一阶段，杠杆收购的准备阶段：主要是由发起人制订收购方案，与被收购方进行谈判，进行并购的融资安排，必要时以自有资金参股目标企业，发起人通常就是企业的收购者。

第二阶段，筹资阶段：并购方先通过企业管理层组成的集团筹集收购价10%的资金，然后以准备收购的公司的资产为抵押，向银行借入过渡性贷款，相当于整个收购价格的50%—70%的资金，向投资者推销约为收购价20%—40%的债券。

第三阶段，收购者以筹集到的资金购入被收购公司的期望份额的股份。

第四阶段，对并购的目标企业进行整改，以获得并购时所形成负债的现金流量，降低债务风险。

四、杠杆收购的优势

第一，并购项目的收购方自有资产或现金要求较低。

第二，易产生协同效应。这是通过将生产经营延伸到企业之外实现的。

第三，运营效率得到提高。

第四，改进企业管理。有些管理人员管理公司的方式（通过控制、回报等管理手段来提高个人权威），往往是以牺牲公司股东利益和公司长远优势为代价的。通过并购可以让这些管理人员或者立马出局，或者遵守

"规矩"。

五、杠杆收购的局限性

对于杠杆收购的批评理由为：并购公司可能通过盗用第三方的财富来榨取目标公司的额外现金流。因为收购债务利息支出可在税前所得中扣除，因此可减少税负，但股东分配到的股息享受不到这样的优惠。此外，杠杆收购最大的风险产生于出现金融危机、经济衰退等不可预见事件，以及政府做出重大政策调整之时。这将会导致利息支付困难、技术性违约、全面破产清算等后果。此外，如果被收购企业经营管理不善、管理层与股东动机不一致，就都会威胁杠杆收购的成功。

六、我国杠杆收购存在的问题

第一，我国现行法规政策对杠杆收购融资途径和手段有诸多限制，一定程度上制约了杠杆收购者的市场融资规模。而我国对企业融资限制较多，如《公司法》严格限制企业发行债券，规定债券发行主体的身份仅限于股份公司、国有独资公司和由两个以上国有投资主体设立的有限责任公司，而其他企业、个人均不得发行债券；此外，发行债券还有赢利能力、投资方向等方面的限制，垃圾债券之类在我国资本市场实施的难度较大。

第二，融资金融工具制约了资本市场对杠杆收购活动的支持。发达国家杠杆收购的快速发展得益于融资工具的丰富和融资渠道的畅通。国外杠杆收购资金一是来自贷款，主要提供者为商业银行，企业财务公司等金融机构部分参与；二是来自二级债券市场，以公司债券、认股权证、可转换债券、特约委托存单为表现形式；三是来自私募股权基金、经理人员等的股权资本。我国杠杆收购资金主要来源于股东出资、银行贷款、信托资金，很难采用创新金融衍生工具融资。

第三，我国资本市场中介对杠杆收购的助推作用还不够。杠杆收购市场需要得到诸如资产评估、法律咨询、会计、审计以及财务顾问等方面高水平专业中介的支持，而我国资本市场中介行业的欠发达很大程度上制约了杠杆收购在我国的发展。

第四，收购企业自身的发展存在问题。我国杠杆收购发展不足，很大一部分因素要归结于收购者自身。一是企业自身的资质不强和融资能力不足，使其难以在被收购企业的经营管理和股权分配等方面提供更专业的建议或采取更有效的管理手段；二是部分收购者进行杠杆收购并非出于自身发展的需要，而是为了谋取目标企业的买卖价差，有较强的投机性。

七、促进我国杠杆收购加快发展的建议

（一）进一步改善资本市场环境

借鉴发达国家经验，构建统一、开放、有序的资本市场，鼓励融资工具和融资组织创新，鼓励开发认股权证、垃圾债券等金融工具，允许商业银行、保险基金、企业社保基金等资金源进入股权投资领域，促进利用养老基金、保险基金等为杠杆收购融资输血。适度放宽企业债券和股票发行条件，完善债券和票据市场发展。积极发展高水平并购中介机构和专业基金管理者，适当放宽基金投资方向，促进基金参与杠杆收购。

（二）完善杠杆收购政策法规体系

为杠杆收购的规范、健康、有序运作创造必要的制度、法律环境。根据实际情况，出台相关法律政策使杠杆收购方式合法化。修订《公司法》，适当放宽公司尤其是投资公司对外投资的比例限制，使收购方能以股权购买方式进行杠杆收购。在法律层面适当放宽企业债券发行条件，促进企业债券一级市场和二级市场的发展，为杠杆收购提供融资保障。

（三）防范杠杆收购风险

杠杆收购方是通过抵押目标企业资产或以其未来现金流作担保而获得收购资金，若收购后出现经营管理不善、管理层与股东们理念不一致，则会威胁杠杆收购的成功。特别当出现金融危机、经济衰退等不可预见事

件，或政府做出重大政策调整时，可能会导致收购方出现定期利息支付困难、技术性违约、全面清盘等一系列严重后果。因而有必要加强和做好杠杆收购风险防范工作：一是应根据目标企业的未来现金流量、股权结构、债务结构等情况选择和确定合适的融资方式；二是应对收购后企业进行有效重组整合，剥离目标企业的不良资产。

（四）改善企业治理结构

第一，完善内部结构，加强内部控制。收购者应该健全企业内部控制制度，完善企业内部的激励约束机制。

第二，减少企业决策的投机性，注重长远发展。

第三，选择相关方易于接受的收购方式，如结合运用多种收购方式，这样可以提高收购的灵活性、有效性，降低收购风险。

第四，培养专业管理人员。管理层对企业的稳定经营具有重要作用，目标公司应保证有一个具有凝聚力、完善有效、核心人物明确的管理团队。当目标公司被收购后，这有助于企业能健康、稳健、可持续的发展。

案例　PAG集团杠杆收购好孩子集团

2006年1月底，私募投资基金太平洋联合（PAG）以1.225亿美元的总价值购得原来由香港第一上海、日本软银集团（SB）和美国国际集团（AIG）持有的67.4%的好孩子集团股份。至此，PAG集团成为好孩子集团的绝对控股股东，而包括好孩子集团总裁宋郑还在内的管理层持有32.6%股份，为第二大股东。

1. PAG收购前对好孩子集团的估价

收购前好孩子集团的优势表现为：①强势的市场份额；②在中国迅速发展的巨大商业市场背景下，拥有1 100多家销售专柜。③好孩子所在的消费品行业基本不存在产业周期，能够创造稳定的现金流。按照市盈率计算，好孩子集团当时的市场价值在20亿元人民币以上，折算成PAG 67.4%的持股比例，该部分股权的市场价值超过1.6亿美元，而双方协商的收购价格为 1.225 亿美元，说明此项收购颇具投资价值。

2. PAG 较好地运用了杠杆融资手段

为了实现既定的 400% 的高额投资回报率，PAG 确定用自有资金支付的金额不超过 1 200 万美元。经过细致的测算和设计，通过资产证券化及间接融资等手段，在确定收购意向后，PAG 先通过好孩子管理层组成的集团筹集收购价 10% 的资金，然后以好孩子集团的资产为抵押，向银行借入过桥贷款，相当于整个收购价 50% 的资金，并向 PAG 的股东们推销约为收购价 40% 的债券。PAG 借助外资银行贷款完成了此次杠杆收购交易，交易所需部分资金来自台北富邦商业银行的贷款，贷款金额 5 500 万美元。

PAG 进入好孩子集团后，对其法人治理结构进行改造，实行了一系列整合措施，进一步提高了发展速度，成就了好孩子的绝对市场霸主地位。此后经过精心筹备，2010 年 3 月 25 日好孩子上市计划正式启动，至同年 11 月 24 日在香港联交所 IPO，仅用了短短 8 个月的时间。

第六章 并购估值

一、并购估值的含义

并购是企业进入新行业、新市场的首选方式，也是进行行业内资源整合的重要手段。在我国的经济市场化进程中，企业并购活动日趋频繁。在实施企业并购的过程中，买卖双方谈判的中心、所关注的焦点无非是并购估值，即估算目标企业的价值。估值可以确定目标企业的并购价值，是双方协商作价的客观依据。

并购估值或并购企业价值评估，是指专业评估机构对企业评估基准日特定目的下企业整体价值、股东全部权益价值或部分权益价值进行分析、估算，并发表专业意见、撰写报告书的行为和过程。企业价值评估是将一个企业作为一个有机整体，依据其拥有或占有的全部资产状况和整体获利能力，充分考虑影响企业获利能力的各种因素，结合企业所处的宏观经济环境及行业背景，对企业整体公允市场价值进行的综合性评估。

二、企业并购估值涉及的五个价值

在企业并购的过程中，对于企业估值应注意五个既有联系又有区别的价值概念，分别为账面价值、公允价值、市场价值、内在价值以及清算价值。明确理解各种价值所代表的内容是选择企业价值评估方法和制定实施程序的重要前提。

（一）账面价值

企业的账面价值是指企业现有的净资产，它反映的是历史的、静态的企业资产情况，并没有反映企业未来的获利能力。它没有考虑通货膨胀、资产的功能性贬值和经济性贬值等重要因素的影响。企业的账面价值难以反映企业的真实价值，因为账面价值往往不包含无形资产。

（二）公允价值

公允价值（Fair Value）是指在交易双方完全了解有关企业的信息，且没有任何外界压力的前提下双方自愿进行交易的价格。

（三）内在价值

企业的内在价值是其未来的净现金流量的现值之和。从最抽象的意义上说，企业价值就是指企业的内在价值。企业内在价值看似是一个客观的公认的理论标准，但由于它的计算要估计未来的现金流和贴现率，实际上这一指标的确定具有很大的主观性，在某些情况下甚至不具备操作性。

（四）市场价值

市场价值是指上市公司股票的市场价格。在发达的资本主义市场国家，由于信息披露充分，市场机制相对完善，公司市值和企业价值具有较强的一致性。而中国的股市公布出来的数据很难作为参考，往往距离实际太远，操作时要注意深入调查。

（五）清算价值

清算价值是指企业停止经营，变卖所有的企业资产减去所有负债后的现金余额。这时的企业资产价值应是可变现价值，不满足持续经营假设。破产清算企业的价值评估，不是对企业一般意义上价值的揭示，因而不是通常意义上的企业所具有的价值。

三、并购企业价值评估的程序

第一，现场考察被并购企业，了解管理状况、经营情况、市场情况。

第二，委托评估合同签订，明确评估目的、对象、评估基准日及客户的各项要求。

第三，提供清单，收集资料，共同制作。从法律、经济、技术及企业获利能力等方面，确定评估对象的定性、定量资料。

第四，社会及市场调研，检索资料，分析有关市场需求、价格信息、技术指标、经济指标、国家政策、行业动态等。

第五，起草报告，实行内部三级审核制度。

第六，征求意见，完善报告，项目移交。

四、并购企业价值评估的常用方法

（一）企业估值的成本法

成本法，即重置成本法，是用目标资产全新状态下的价值扣除其实际贬值后的差额作为目标资产价值的一种方法。其基本原理可以理解为：理性经济人购置资产的支出不会大于其建造类似资产的成本。由于企业资产的贬值可分为自然损耗（N_d）、功能性贬值（F_d）以及经济贬值（E_d），则目标资产的价值（V）可以表示为：

$$V = 重置成本 - N_d - F_d - E_d$$

由成本法的公式可知，该方法的有效性依赖于财务报表能够公允地反映单项资产的价格，且目标企业的价值受到未列入财务报表因素的影响小。正是由于成本法的计算基础是财务报表，所以其计算结果说服力强。一般而言，当被并购企业非持续性经营或者该企业仅拥有不动产时，成本法的评估结果较好；而在整体资产评估和企业持续性经营前提下，该评估方法不适用。

（二）企业估值的市场比较法

市场比较法是基于类似资产应该具有类似价格的理论推断，其理论依据是"替代原则"。其实质就是在市场上找出一个或几个与被评估企业相同或近似的参照企业，在分析、比较两者之间重要指标的基础上，修正、调整企业的市场价值，最后确定被评估企业的价值。运用市场比较法的评估重点是选择可比企业和确定可比指标。

首先，在选择可比企业时，通常依靠两个标准：一是行业标准，二是财务标准。其次，确定企业价值可比指标时，要遵循一个原则，即可比指标要与企业的价值直接相关。通常选用三个财务指标：EBIDT（利息、折旧和税前利润）、无负债净现金流量和销售收入。其中，现金流量和利润是最主要的指标，因为它们直接反映了企业的赢利能力，与企业价值直接相关。

市场比较法的优点在于便于理解、运用简单。其缺点在于：类似资产的交易信息不能有效传递，修正类似资产交易信息的客观性都会影响评估结果；且在企业价值评估中，不同企业所面临的风险和不确定性都存在较大差异。因此，该方法要求评估人员具备很强的技术素质。

（三）企业估值的收益现值法

收益现值法，是一种通过折现被评估资产的未来预期收益以确定其价值的评估方法。其理论公式可以表示为：

$$资产的评估价值 P = 该项资产各年预期收益的现值之和$$

$$= \sum_{t=1}^{n} Fe/(1+i)^t$$

式中，Fe 为未来 t 收益期的预期收益额，当收益期有限时，Fe 值中包括期末资产剩余净额；收益期限 n（年）、预期收益额 Fe 是由评估人员分析预测评估对象的未来经营收益情况确定的；折现率 i 是将未来收益折成现值的比率，它反映资产与其未来收益现值之间的比例关系，由评估人员根据社会、行业、企业和评估对象的资产收益水平综合分析确定。

由公式可知，该方法在企业价值评估中的应用效果取决于企业是否持续经营且各期的收益能否准确预期以及折现率的选择。用企业将来预期的价值来评估企业的价值，体现了企业的潜在成长价值；但未来收益的不确定性也增加了该方法在实际应用中的难度。对于处于稳定发展阶段的企业，收益现值法效果最佳；而对于经营周期性强或者企业资产利用率低的企业，该方法往往会低估企业价值。

收益现值法的主要优点是：①能够较真实、准确地反映企业本金化的价格；②在进行投资决策时，应用收益现值法得出的资产价值较容易被买卖双方所接受。

收益现值法的主要缺点是：①预期收益额的预测难度较大，受较强的主观判断和未来收益不可预见因素的影响；②在评估中适用范围较窄，一般适用于企业整体资产和可预测未来收益的单项资产评估。

综上可知，当前价值评估的三大主流方法各有利弊，在企业并购价值评估的实务中，选择评估方法主要应考虑以下几个原则：第一，合法合规原则；第二，客观公正原则；第三，成本效益原则；第四，优势互补原则。

五、并购企业价值评估模型

（一）相对估值模型

相对估值包括 P/E，P/B，PEG，P/S 等估值法。通常的做法是对比，一是和该公司历史数据进行对比，二是和国内同行业企业的数据进行对比，确定它的位置，三是和国际上（特别是香港和美国）同行业的重点企业数据进行对比。相对估值法通常可分为以下几种：

（1）市盈率（P/E）＝普通股票每股市场价格/普通股每年每股赢利；

（2）市净率（P/B）＝每股市价/每股净资产；

（3）PEG ＝市盈率/企业年赢利增长率；

（4）价格与销售额比率（P/S）法。

相对估值法的优点：比较直观易懂，不需要很深的专业知识。从我国采用比较多的市盈率、市净率所包含的价值驱动因素来看，合理的比率是建立在对价值驱动因素合理估测的基础上的。只要可比公司选择适当，再选用适当比率对目标企业估值，结果应当是非常理想的。

相对估值法的缺点：相对估价法假定市场在总体上是有效的、正确的，只是在个别证券上会犯错误。如果市场整体上对价格高估或低估，那么相对估价法将失灵。运用相对估价法可能需要较少的信息，那是因为已经对其他变量（如现金流量贴现法所需要的变量）作了隐含的假定，如果这些假定不正确，用相对估价法就会得出错误的结论。

（二）现金流折现模型

资产当前的价值等于未来现金流贴现之和。一般认为，以赢利为目的、以持续经营假设为前提的公司，其价值等于未来所产生的现金流量的贴现值之和。其一般计价公式为：

$$V_t = \sum_{t=1}^{n} \frac{NCF_t}{(1+r)^t}$$

式中：V_t 为企业价值；NCF_t 为第 t 期净现金流量；n 为收益期限；r 为折现率。

选择不同的现金流量具体指标，现金流折现模型具有不同的应用形式。可供选择的现金流量有股利、股权自由现金流及企业自由现金流，相应地，估值模型也分为股利贴现模型、股权自由现金流模型及企业自由现金流模型三种。

现金流折现法的优点：现金流量一般不易操纵，客观性强。由于会计政策选用的不同和权责发生制的影响以及所谓的盈余管理，利润具有可操纵性，这使得人们对利润信息的可靠性持怀疑态度。而现金流量指标一般不容易被操作，能够客观反映企业的经营情况。

现金流折现法的缺点：①现金流折现法作为一种面向未来的动态的估价方法，涉及很多不确定的变量，如未来自由现金流量、企业终值及贴现率的大小、贴现期的长短等。这些变量的最终确定需要进行主观估计、预测。②从贴现率的角度来看，现金流折现法不能反映企业灵活性所带来的收益。

（三）协同效应估值法

并购企业和目标企业通过并购后，往往能获得大于并购前双方收益之和的经营效益，这部分新增的效益称为协同效应。因此，在并购企业的价值评估过程中就不能仅仅采用对目标公司价值的单独评价方法，而需进一步考虑协同效应所产生的价值增值部分，即兼并收购后目标公司的价值为：

并购后目标公司价值＝并购前独立实体企业的价值＋并购后协同效应的价值

目标公司作为并购前独立实体企业的价值可以根据在前文中所提到的价值评估方法进行衡量，而协同效应的评估是判断并购是否可行与并购是否成功的关键。然而，协同效应的产生过程涉及众多不确定因素，如市场的反应、并购后双方的整合等，因此很难对其价值进行具体预测。实践中常用增量现金流量法，其步骤是：第一步，计算并购后所产生的增量现金流收益。并购后两公司由于协同效应而产生的总现金流往往超出了并购前两公司各自独立经营所产生的现金流之和，这一超额的部分就称为并购所产生的增量现金流收益。第二步，在估计出寿命期内各年的净增量现金流之后，就可以选取适当的折现率，通过折现得到协同效应所带来的现金流现值。

协同效应估值法的优点在于运用简单。其缺点在于：协同效应的价值评估不确定性会影响评估结果；净增量现金流和折现率的取值存在主观性。

第七章　并购税务

并购是企业重要的资本经营方式，企业可以通过并购进行战略重组，达到多样化经营的目标或发挥经营、管理、财务上的协同作用，使企业取得更大的竞争优势。而税收作为宏观经济中影响微观企业的重要经济因素，是企业并购的决策中需考虑的重要一环。随着并购活动的纵深发展，出于单一动机的并购活动已不多见。不同并购方式和方法会导致税收负担的巨大差异，有些企业甚至将获得税务优惠作为并购行为的动机之一。2014 年 8 月 26 日，美国快餐连锁店汉堡王确认将以 110 亿美元的价格收购加拿大最大咖啡连锁企业蒂姆·霍顿斯公司，新成立的企业将成为全球第三大快餐企业，完成收购后汉堡王总部将从美国迁至加拿大，实现"税收倒置"（Tax Inversion）。汉堡王通过将企业总部转移至低纳税区域的办法实现"税收倒置"。"税收倒置"指一家美国公司将自己的总部迁至税率更低、监管更宽松的国家，但实际上仍继续在美国管理该企业，这种操作通常通过跨国并购的方式实现。与美国相比，加拿大的企业综合税率较低。合并后的新企业在加拿大需要缴纳的综合税率为 26.5%，相比而言，在美国则需缴纳 35% 的高额税率。与此同时，加拿大拥有一个区域性国际税收体系（不同于美国的国际税收体系），这对在海外取得巨大收益的跨国公司显得尤为重要。

一、我国企业并购涉及的税种分析

我国企业并购主要涉及营业税、增值税、土地增值税、契税、印花税、企业所得税六类税种。按照企业并购的不同方式和性质，所涉及的税种免征和应征形式也产生相应变化。

（一）营业税

在企业重组中以无形资产、不动产投资入股，参与接受投资方利润分配，共同承担投资风险的行为，不征收营业税。企业股权（产权）转移过程中涉及的不动产、土地使用权过户不属销售或转让行为，不征收"销售不动产""转让土地使用权"营业税。企业销售或转让股权（产权）转移所得的不动产、土地使用权的，以全部收入减去该股权（产权）转移前不动产或土地使用权的购置或受让原价后的余额为计税营业额。

（二）增值税

转让企业全部产权是整体转让企业资产、债权、债务及劳动力的行为，因此，转让企业全部产权涉及的应税货物的转让，不属于增值税的征税范围，不征收增值税。但在企业债务重组中，债务人以原材料、产成品等存货抵偿债务时，根据《增值税暂行条例实施细则》第四条的规定，应视同销售缴纳增值税。

（三）土地增值税

在企业兼并中，对于以房地产进行投资、联营的，投资、联营的一方以土地（房地产）作价入股进行投资或作为联营条件，将房地产转让到所投资、联营的企业中时，暂免征收土地增值税。对投资、联营企业将上述房地产再转让的，应征收土地增值税。但对于以土地（房地产）作价入股进行投资或联营的，凡所投资、联营的企业从事房地产开发的，或者房地产开发企业以其建造的商品房进行投资和联营的，均不适用上述暂免征收土地增值税的规定。

（四）契税

《财政部　国家税务总局关于企业事业单位改制重组契税政策的通知》（财税〔2012〕4号）的主要规定有："在股权转让中，单位、个人承受企业股权，企业土地、房屋权属不发生转移，不征收契税。""两个或两个以上的企业，依据法律规定、合同约定，合并改建为一个企业，且原投资主体存续的，对其合并后的企业承受原合并各方的土地、房屋权属，免征契税。""国有、集体企业被出售，被出售企业法人予以注销，并且买受人按照《劳动法》等国家有关法律法规政策妥善安置原企业全部职工，其中与原企业 30% 以上职工签订服务年限不少于三年的劳动用工合同的，对其承受所购企业的土地、房屋权属，减半征收契税；与原企业全部职工签订服务年限不少于三年的劳动用工合同的，免征契税。"

（五）印花税

股权转让印花税需要按照产权转移数据贴花，贴花金额是产权转移金额的万分之五。以合并或分立方式成立的新企业，其新启用的资金账簿记载的资金，凡原已贴花的部分可不再贴花，未贴花的部分和以后新增加的资金按规定贴花。

（六）企业所得税

《企业所得税法》规定："第十四条　企业对外投资期间，投资资产的成本在计算应纳税所得额时不得扣除。""第十六条　企业转让资产，该项资产的净值，准予在计算应纳税所得额时扣除。""第十七条　企业在汇总计算缴纳企业所得税时，其境外营业机构的亏损不得抵减境内营业机构的赢利。"

《企业所得税法实施条例》规定："第十一条　投资方企业从被清算企业分得的剩余资产，其中相当于从被清算企业累计未分配利润和累计盈余公积中应当分得的部分，应当确认为股息所得；剩余资产减除上述股息所得后的余额，超过或者低于投资成本的部分，应当确认为投资资产转让所得或者损失。""第六十七条　无形资产按照直线法计算的摊销费用，准予扣除。无形资产的摊销年限不得低于 10 年。作为投资或者受让的无形资产，有关法律规定或者合同约定了使用年限的，可以按照规定或者约定的使用年限分期摊销。外购商誉的支出，在企业整体转让或者清算时，准予扣除。"

《关于企业重组业务企业所得税处理若干问题的通知》（财税〔2009〕59 号文）对于企业重组的企业所得税处理，区分不同条件做出详细规定。相关内容摘录如下：

一、本通知所称企业重组，是指企业在日常经营活动以外发生的法律结构或经济结构重大改变的交易，包括企业法律形式改变、债务重组、股权收购、资产收购、合并、分立等。

（一）企业法律形式改变，是指企业注册名称、住所以及企业组织形式等的简单改变，但符合本通知规定其他重组的类型除外。

（二）债务重组，是指在债务人发生财务困难的情况下，债权人按照其与债务人达成的书面协议或者法院裁定书，就其债务人的债务做出让步的事项。

（三）股权收购，是指一家企业（以下称为收购企业）购买另一家企业（以下称为被收购企业）的股权，以实现对被收购企业控制的交易。收购企业支付对价的形式包括股权支付、非股权支付或两者的组合。

（四）资产收购，是指一家企业（以下称为受让企业）购买另一家企业（以下称为转让企业）实质经营性资产的交易。受让企业支付对价的形式包括股权支付、非股权支付或两者的组合。

（五）合并，是指一家或多家企业（以下称为被合并企业）将其全部资产和负债转让给另一家现存或新设企业（以下称为合并企业），被合并企业股东换取合并企业的股权或非股权支付，实现两个或两个以上企业的依法合并。

（六）分立，是指一家企业（以下称为被分立企业）将部分或全部资产分离转让给现存或新设的企业（以下称为分立企业），被分立企业股东换取分立企业的股权或非股权支付，实现企业的依法分立。

二、本通知所称股权支付，是指企业重组中购买、换取资产的一方支付的对价中，以本企业或其控股企业的股权、股份作为支付的形式；所称非股权支付，是指以本企业的现金、银行存款、应收款项、本企业或其控股企业股权和股份以外的有价证券、存货、固定资产、其他资产以及承担债务等作为支付的形式。

三、企业重组的税务处理区分不同条件分别适用一般性税务处理规定和特殊性税务处理规定。

四、企业重组，除符合本通知规定适用特殊性税务处理规定的外，按以下规定进行税务处理：

（一）企业由法人转变为个人独资企业、合伙企业等非法人组织，或将登记注册地转移至中华人民共和国境外（包括港澳台地区），应视同企业进行清算、分配，股东重新投资成立新企业。企业的全部资产以及股东投资的计税基础均应以公允价值为基础确定。

企业发生其他法律形式简单改变的，可直接变更税务登记，除另有规定外，有关企业所得税纳税事项（包括亏损结转、税收优惠等权益和义务）由变更后企业承继，但因住所发生变化而不符合税收优惠条件的除外。

（二）企业债务重组，相关交易应按以下规定处理：

1. 以非货币资产清偿债务，应当分解为转让相关非货币性资产、按非货币性资产公允价值清偿债务两项业务，确认相关资产的所得或损失。

2. 发生债权转股权的，应当分解为债务清偿和股权投资两项业务，确认有关债务清偿所得或损失。

3. 债务人应当按照支付的债务清偿额低于债务计税基础的差额，确认债务重组所得；债权人应当按照收到的债务清偿额低于债权计税基础的差额，确认债务重组损失。

4. 债务人的相关所得税纳税事项原则上保持不变。

（三）企业股权收购、资产收购重组交易，相关交易应按以下规定处理：

1. 被收购方应确认股权、资产转让所得或损失。

2. 收购方取得股权或资产的计税基础应以公允价值为基础确定。

3. 被收购企业的相关所得税事项原则上保持不变。

（四）企业合并，当事各方应按下列规定处理：

1. 合并企业应按公允价值确定接受被合并企业各项资产和负债的计税基础。

2. 被合并企业及其股东都应按清算进行所得税处理。

3. 被合并企业的亏损不得在合并企业结转弥补。

（五）企业分立，当事各方应按下列规定处理：

1. 被分立企业对分立出去资产应按公允价值确认资产转让所得或损失。

2. 分立企业应按公允价值确认接受资产的计税基础。

3. 被分立企业继续存在时，其股东取得的对价应视同被分立企业分配进行处理。

4. 被分立企业不再继续存在时，被分立企业及其股东都应按清算进行所得税处理。

5. 企业分立相关企业的亏损不得相互结转弥补。

五、企业重组同时符合下列条件的，适用特殊性税务处理规定：

（一）具有合理的商业目的，且不以减少、免除或者推迟缴纳税款为主要目的。

（二）被收购、合并或分立部分的资产或股权比例符合本通知规定的比例。

（三）企业重组后的连续 12 个月内不改变重组资产原来的实质性经营活动。

（四）重组交易对价中涉及股权支付金额符合本通知规定比例。

（五）企业重组中取得股权支付的原主要股东，在重组后连续 12 个月内，不得转让所取得的股权。

六、企业重组符合本通知第五条规定条件的，交易各方对其交易中的股权支付部分，可以按以下规定进行特殊性税务处理：

（一）企业债务重组确认的应纳税所得额占该企业当年应纳税所得额 50% 以上，可以在 5 个纳税年度的期间内，均匀计入各年度的应纳税所得额。

企业发生债权转股权业务，对债务清偿和股权投资两项业务暂不确认有关债务清偿所得或损失，股权投资的计税基础以原债权的计税基础确定。企业的其他相关所得税事项保持不变。

（二）股权收购，收购企业购买的股权不低于被收购企业全部股权的75%，且收购企业在该股权收购发生时的股权支付金额不低于其交易支付总额的85%，可以选择按以下规定处理：

1. 被收购企业的股东取得收购企业股权的计税基础，以被收购股权的原有计税基础确定。

2. 收购企业取得被收购企业股权的计税基础，以被收购股权的原有计税基础确定。

3. 收购企业、被收购企业的原有各项资产和负债的计税基础和其他相关所得税事项保持不变。

（三）资产收购，受让企业收购的资产不低于转让企业全部资产的75%，且受让企业在该资产收购发生时的股权支付金额不低于其交易支付总额的85%，可以选择按以下规定处理：

1. 转让企业取得受让企业股权的计税基础，以被转让资产的原有计税基础确定。

2. 受让企业取得转让企业资产的计税基础，以被转让资产的原有计税基础确定。

（四）企业合并，企业股东在该企业合并发生时取得的股权支付金额不低于其交易支付总额的85%，以及同一控制下且不需要支付对价的企业合并，可以选择按以下规定处理：

1. 合并企业接受被合并企业资产和负债的计税基础，以被合并企业的原有计税基础确定。

2. 被合并企业合并前的相关所得税事项由合并企业承继。

3. 可由合并企业弥补的被合并企业亏损的限额＝被合并企业净资产公允价值×截至合并业务发生当年年末国家发行的最长期限的国债利率。

4. 被合并企业股东取得合并企业股权的计税基础，以其原持有的被合并企业股权的计税基础确定。

（五）企业分立，被分立企业所有股东按原持股比例取得分立企业的股权，分立企业和被分立企业均不改变原来的实质经营活动，且被分立企业股东在该企业分立发生时取得的股权支付金额不低于其交易支付总额的85%，可以选择按以下规定处理：

1. 分立企业接受被分立企业资产和负债的计税基础，以被分立企业的原有计税基础确定。

2. 被分立企业已分立出去资产相应的所得税事项由分立企业承继。

3. 被分立企业未超过法定弥补期限的亏损额可按分立资产占全部资产的比例进行分配，由分立企业继续弥补。

4. 被分立企业的股东取得分立企业的股权（以下简称"新股"），如需部分或全部放弃原持有的被分立企业的股权（以下简称"旧股"），"新股"的计税基础应以放弃"旧股"的计税基础确定。如不需放弃"旧股"，则其取得"新股"的计税基础可从以下两种方法中选择确定：直接将"新股"的计税基础确定为零；或者以被分立企业分立出去的净资产占被分立企业全部净资产的比例先调减原持有的"旧股"的计税基础，再将调减的计税基础平均分配到"新股"上。

（六）重组交易各方按本条（一）至（五）项规定对交易中股权支付暂不确认有关资产的转让所得或损失的，其非股权支付仍应在交易当期确认相应的资产转让所得或损失，并调整相应资产的计税基础。

非股权支付对应的资产转让所得或损失 =（被转让资产的公允价值 - 被转让资产的计税基础）×（非股权支付金额÷被转让资产的公允价值）

七、企业发生涉及中国境内与境外之间（包括港澳台地区）的股权和资产收购交易，除应符合本通知第五条规定的条件外，还应同时符合下列条件，才可选择适用特殊性税务处理规定：

（一）非居民企业向其100%直接控股的另一非居民企业转让其拥有的居民企业股权，没有因此造成以后该项股权转让所得预提税负担变化，且转让方非居民企业向主管税务机关书面承诺在3年（含3年）内不转让其拥有受让方非居民企业的股权；

（二）非居民企业向与其具有100%直接控股关系的居民企业转让其拥有的另一居民企业股权；

（三）居民企业以其拥有的资产或股权向其100%直接控股的非居民企业进行投资；

（四）财政部、国家税务总局核准的其他情形。

八、本通知第七条第（三）项所指的居民企业以其拥有的资产或股权向其100%直接控股关系的非居民企业进行投资，其资产或股权转让收益如选择特殊性税务处理，可以在10个纳税年度内均匀计入各年度应纳税所得额。

九、在企业吸收合并中，合并后的存续企业性质及适用税收优惠的条件未发生改变的，可以继续享受合并前该企业剩余期限的税收优惠，其优惠金额按存续企业合并前一年的应纳税所得额（亏损计为零）计算。

在企业存续分立中，分立后的存续企业性质及适用税收优惠的条件未发生改变的，可以继续享受分立前该企业剩余期限的税收优惠，其优惠金额按该企业分立前一年的应纳税所得额（亏损计为零）乘以分立后存续企业资产占分立前该企业全部资产的比例计算。

十、企业在重组发生前后连续12个月内分步对其资产、股权进行交易，应根据实质重于形式原则将上述交易作为一项企业重组交易进行处理。

二、防范企业并购税务风险

企业并购的动因很多，可以是为了追求规模经济，可以是为了实现多样化经营，也可以是为了获得先进技术和管理经验等，但其目标只有一个，即追求企业利润的最大化。而税收问题直接影响到企业利润的实现，如果在并购前没有准确审查企业的纳税情况或没有考虑并购交易纳税问题，则会使并购后的企业承担不必要的风险。因此，企业并购过程中，如何防范涉税风险是并购各方应该重视的问题。

（一）并购前目标企业的历史遗留税务问题会增加合并后企业的税收负担

《公司法》实施后极大地推动了企业间的重组并购和规避个人所得税

行为，但很多公司并购双方往往只考虑到债权债务，而忽略了税收风险。历史遗留税务风险会影响对目标公司的估值，乃至影响对未来持续赢利能力的判断。并购合同一旦签订，实施合并之后，由于承继关系的存在，合并后的企业就会面临承担合并前企业纳税义务的风险，于是并购失败、长期官司、支付违约金等惨重损失可能接踵而至。由此要求收购方选择合适的方式，如作好尽职调查或要求出让方出具保函等措施来规避风险。

（二）并购交易设计缺少税务规划引起的风险

例如，并购重组交易方式，可归纳为股权收购和资产收购两种，其中，股权交易被收购公司的税务风险将会被新股东承继，资产交易则不会。同时，选择资产交易将面临动产及不动产产权变动而带来的增值税、营业税以及土地增值税等税负。相比较而言，股权交易一般不需要缴纳流转税以及土地增值税。再如，不少并购交易都会需要银行或共同投资方提供融资。在解决并购资金融资问题的同时，应有效利用财务杠杆的作用，并关注融资中的税务事项安排（如考虑利息节税效应）。

（三）防范海外并购相关税务风险

中国企业海外并购活动近几年来势头强劲，但中国企业海外并购面临诸多风险，如政治、法律、技术、资产、财务风险，以及随之产生的税务风险。其中，由于各国法律体系和税制的不同，税务风险在国际交易中显得更为复杂和多样。跨国并购的外部税务环境日益严峻，各国一方面调整国内企业税负以刺激经济；另一方面也都不同程度地加强了税务监管和税款征收，打击跨国企业的避税行为。

中国的税制近年来也不断发展完善，出台了各种反避税政策，也与世界各国家和地区（包括传统的避税港，如英属维京群岛、开曼群岛等）加强了税务信息交换，即使企业并购交易考虑到了税务筹划，筹划效果也会面临不小的挑战。比如，中国企业会通过离岸公司进行海外并购，但中国现行税法将有的离岸公司认定为所谓的"受控外国企业"，则该企业一旦获得利润，即使未向中国分配，也会视同分配而立即需要在中国纳税。2014年6月19日，广东省国税局在其官方网站正式发布《广东省国家税务局关于广东潮宏基实业股份有限公司间接收购境内居民企业股权有关税收问题的批复》（粤国税函〔2014〕317 号，以下简称"该案例"）。该案例是 2009 年 12 月 10 日国家税务总局正式对外发布 698 号文《国家税务总局关于加强非居民企业股权转让所得企业所得税管理的通知》后，地方税务机关首次以正式文件的形式对外公开发布的非居民企业间接股权转让案例。而在 2013 年 2 月 21 日，国家税务总局曾以正式文件发布《国家税务总局关于沃尔玛收购好又多股权事项的批复》（税总函〔2013〕82 号）。根据国税总局 698 号文第六条规定：境外投资方（实际控制方）通过滥用组织形式等安排间接转让中国居民企业股权，且不具有合理的商业目的，规避企业所得税纳税义务的，主管税务机关层报税务总局审核后可以按照经济实质对该股权转让交易重新定性，否定被用作税收安排的境外控股公司的存在。2014 年 8 月 9 日，国家税务总局下发《关于加强股权转让企业所得税征管工作的通知》（税总函〔2014〕318 号），该通知中提出了"对股权转让实施链条式动态管理""实行专家团队集中式管理""加强信息化建设"等做法。可见，企业在并购重组中，股权转让税务合规性风险会继续提高。

　　因此，在通往国际化的道路上，中国企业并购应事先设计合理的税务架构，以全球化思维管理海外并购项目。针对企业运营方面，买方应特别关注交易后并购目标公司如何与国内业务进行有效对接，实现协同效应，提升整体税务效率，以应对境外流转税、全球转让定价等问题，从而提升海外并购交易价值和运营效益。

第八章　并购仲裁

　　并购交易中产生的纠纷主要为商事纠纷，其解决方式主要有避让、和解、诉讼外调解、仲裁和民事诉讼五种。其中，商事仲裁是解决并购交易纠纷时最常采用的争议解决方式之一。在目前的中国，相比诉讼而言，商事仲裁尤其为并购交易当事人，特别是国外企业和外商投资企业所青睐。在许多并购交易中，交易各方愿意约定以仲裁方式解决其在并购过程中产生的或可能产生的纠纷。本节将对中国①目前的商事仲裁制度以及在解决并购纠纷时对仲裁的选择进行简要的介绍和讨论。

一、仲裁制度介绍

（一）什么是仲裁

　　仲裁是民事诉讼之外的规范性和程序严格性最为显著、与民事诉讼最为相近、最有可能与民事诉讼形成竞争关系的民事纠纷解决机制。广义的仲裁包括国际公法争议仲裁、劳动争议仲裁、人事争议仲裁、农业承包合同纠纷仲裁和民商事仲裁等。② 本文所述仲裁仅指商事仲裁。

　　在汉语中，"仲"即居中③，"裁"即裁定、判断④。从字面含义理解，

---

① 此处及下文的中国指中国内地，不包括中国香港、澳门和台湾地区。
② 蔡虹，刘加良，邓晓静. 仲裁法学［M］. 2 版. 北京：北京大学出版社，2011：1—2.
③ 如《释名》中解释到："仲，中也，言位在中也"；又如《说文》中解释到："仲，中也"。
④ 如《战国策·秦策》中有言："大王裁其罪"；又如《管子·地形》中有言："裁大者众之所比也"。

"仲裁"即第三方居于争端各方之中进行裁定、判断。

在法律意义上讲，仲裁是利益冲突的各方当事人于事先或事后以自愿为基础达成协议，将民商事纠纷交由非司法机构的第三方处理并由其作出对利益冲突的双方当事人均产生约束力的裁判结论的一种替代性纠纷解决方式。在并购领域中，许多交易方都倾向于选择仲裁解决争议。

仲裁一般应具有以下要素：①各方当事人就以仲裁方式解决争议达成协议，无论该等协议是于事前抑或事后达成；②解决争议的第三方并非司法机构；③第三者为解决争议所做的裁决，对各方具有法律上的拘束力。①

（二）仲裁的主要特征

一般而言，仲裁具有以下主要特征：

1. 自治性与合意性

自治性与合意性是仲裁最为突出的特征。一方面，在仲裁过程中，当事人可以依意思自治自由地处分自己的实体权利与程序权利。另一方面，对于仲裁各方面内容的选择与确定均可经各方当事人形成合意，包括：选择是否以仲裁的方式解决纠纷；确定仲裁事项；选择仲裁委员会；选择仲裁适用的规则；选择仲裁员；选择是否适用简易程序或普通程序；选择是否开庭审理；选择仲裁是否公开进行；选择是否接受调解或达成和解等。

2. 相对快捷性

实践中，并购各方当事人多希望尽快定纷止争，以便尽早完成或结束争议，并将更多的时间和精力投入后续的生产经营当中。对于他们而言，在解决纠纷事宜上花费过多的时间往往意味着高昂的机会成本。在诉讼程序中，中国实行二审终审制度，并且还有发回重审等程序，这可能导致纠纷解决的时间期限过长。而仲裁的一裁终局的制度可以缩短纠纷解决的周期，有利于当事人尽快解决争议。

3. 专业性

并购交易可能发生在各个行业和领域，因此由并购导致的纠纷可能会

---

① 黄进，宋连斌，徐前权．仲裁法学［M］．北京：中国政法大学出版社，2008：2.

涉及各种特殊的知识领域，除法律问题外，往往还会遇到许多复杂的投资、贸易或技术性问题。并购当事人可以在仲裁协议中约定仲裁员的选任条件和/或资格；在并购争议发生时，亦可以选择由具有一定专业知识和实践经验的专业人士担任仲裁员，以便从专业的角度对其并购纠纷进行裁决。

4. 保密性

并购交易往往包含或涉及各方当事人的商业秘密。仲裁以不公开进行为原则。仲裁员以及其他辅助人员对在仲裁过程中获知的信息具有严格的保密义务。对于并购各方而言，不公开审理有利于保护并购纠纷当中涉及的商业秘密。

5. 独立性

仲裁机构具有独立性，行政机关、其他社会团体和个人均需对仲裁机构行使仲裁权保持尊重、容忍和克制。仲裁机构之间、仲裁员与仲裁机构之间、仲裁员之间均不具有隶属关系，每个仲裁员可以依其个人判断发表意见。仲裁机构及仲裁员的独立性是仲裁可以做出公正裁决的重要保障。

（三）仲裁协议

并购当事人欲使其已经发生或将来可能发生的并购争议通过仲裁方式解决，前提条件是并购各方达成仲裁协议。仲裁协议（包括单独签订仲裁协议以及在并购交易文件中约定仲裁条款）是并购各方当事人自愿达成的，将他们之间已经发生的或将来可能发生的争议提请仲裁解决的契约。

仲裁协议是仲裁制度的基石。没有仲裁协议的，仲裁机构不会受理仲裁申请。已经达成仲裁协议的，如果一方此后向法院起诉，法院在立案审查阶段发现存在有效的仲裁协议，人民法院不予受理起诉。当事人之间合意订立的有效仲裁协议赋予了仲裁机构以管辖权且排除了法院的司法管辖权，并使得仲裁机构做出的裁决具有了法律强制力。[①] 在仲裁实践中，仲裁申请书在惯例上会首先引用仲裁协议的内容，然后再提出仲裁请求，这

---

① 蔡虹，刘加良，邓晓静. 仲裁法学 [M] . 2版. 北京：北京大学出版社，2011：66.

与诉讼程序的起诉状中首先直接提出诉讼请求是不同的。

一个合法有效的仲裁协议是仲裁的重中之重，是仲裁程序所面临的第一个严肃的问题。仲裁协议如果无效，则根本无须进一步讨论仲裁及其程序的问题；仲裁协议的效力如果存在争议，则被申请人往往会利用这一点向仲裁机构或法院提出无效之诉或管辖权异议，这毫无疑问将会导致争议解决程序的拖延和繁复，给当事人（尤其是申请人）造成很大的负担，而这种负担本来是可以避免的。

因此，并购当事人必须对仲裁协议的有效性足够重视。

中国法律对仲裁协议生效条件的要求比较严格。除应具有一般法律行为的生效要件，即当事人具有相应的行为能力、当事人意思表示真实、协议内容不违反法律和社会公共利益以外，仲裁协议还应当包括以下特别的生效要件：

首先，仲裁协议应当明确体现当事人请求仲裁的意思表示，即各方当事人将其希望通过仲裁解决争议的主观意愿以一定的方式客观地表达出来以为外界可知。如果当事人既约定了通过仲裁解决争议，同时又约定可以向法院起诉，则该等仲裁协议无效。

其次，仲裁协议应当选定确定的仲裁机构。如仲裁协议未约定仲裁机构或虽有约定但约定不明，而当事人后续未能达成补充协议，则仲裁协议无效。中国法律规定，如果约定的仲裁机构名称不准确，但能够确定具体的仲裁机构，也视为选定了仲裁机构；仲裁协议虽未选定仲裁机构，但如根据仲裁协议约定的仲裁规则或仲裁地点能够确定仲裁机构，亦应承认仲裁协议的效力。尽管如此，为了避免争议，仲裁协议中明确规定唯一且准确的仲裁机构名称是非常重要的。

最后，仲裁协议约定的仲裁事项仅限于法律允许提交仲裁的事项。仲裁事项应仅限于平等主体之间发生的财产权益纠纷。行政争议因其不属于平等主体之间的纠纷，不得以仲裁方式解决；婚姻、收养、监护、抚养、继承纠纷虽为平等主体之间的纠纷，但因其不属于财产权益纠纷，故亦被排除在可仲裁的事项之外。并购交易中产生的争议多为合同纠纷，一般不会涉及人身权纠纷，故与并购有关的商事争议一般均可属于法律允许提交仲裁的事项。

（四）仲裁程序

凭借一个有效的仲裁协议，当事人在争议发生时即可启动仲裁程序。仲裁程序所依据的是各个仲裁委员会本会的仲裁规则，但中国各仲裁委员会的仲裁规则中规定的仲裁程序一般大同小异，主要包括申请与受理、选定仲裁员、提出答辩与反请求、组成仲裁庭、开庭审理与做出裁决等程序。

尽管我国《仲裁法》并未规定简易程序，但实践中，对于标的较小或案情并不复杂的案件，或当事人约定适用简易程序的案件，仲裁委员会一般都会在规则中规定可以适用简易程序进行审理。简易程序即在前述普通仲裁程序的基础上对仲裁程序进行适当地简化，包括采用独任制仲裁庭、适用更灵活的审理方式及缩短审理期限等。

（五）仲裁裁决的执行

仲裁为一裁终局，仲裁裁决自做出之日起发生法律效力，当事人应主动履行仲裁裁决。如一方当事人不履行已生效的仲裁裁决，另一方当事人可以向人民法院申请强制执行。

此外，中国是《承认和执行外国仲裁裁决公约》（即《纽约公约》）的缔约国。据此，在某一缔约国内做出的裁决，可以依据《纽约公约》的规定向另一缔约国法院申请承认和执行该等裁决。

（六）司法对仲裁的监督

司法对于仲裁的监督，是通过审查并判断是否撤销或不予执行仲裁裁决的方式实现的。能够导致仲裁裁决被撤销或不予执行的情形是一致的，例如没有仲裁协议，裁决的事项不属于仲裁协议的范围或仲裁委员会无权仲裁，仲裁庭的组成或仲裁程序违法等程序事项的审查；对于非涉外仲裁裁决，还会对部分实体事项进行审查，包括仲裁所根据的证据是伪造的，对方当事人隐瞒了足以影响公正裁决的证据，仲裁员在仲裁案件时有索贿受贿、徇私舞弊、枉法裁决行为等。此外，如果法院认为仲裁裁决违背社会公共利益，亦将撤销或不予执行仲裁裁决。

二、仲裁与民事诉讼的比较

与民事诉讼相比，通过仲裁方式解决并购纠纷主要在以下方面存在差异：

（一）受案范围不同

民事诉讼的受案范围包括全部类型的民事纠纷。而仲裁仅能受理财产权益纠纷，婚姻家庭与继承等身份权纠纷不能通过仲裁解决。

另外，对于仲裁是否能够审理因侵权导致的财产权益纠纷，也存在一定的争议。与此相关的，有的观点认为仲裁裁决能够赋予的救济仅限于合同项下的违约救济，而不包括侵权救济，例如赔礼道歉、排除妨害等。

（二）管辖权来源不同

诉讼对于民事纠纷的管辖权源于法律规定，即便当事人未进行约定，其也有权将其争议诉请法院作出裁判，并且该等诉请应符合法律关于级别管辖和地域管辖的规定。

仲裁对于民事纠纷的管辖权源于当事人的约定，当事人未达成仲裁协议，则仲裁机构无管辖权。仲裁对于民事纠纷的管辖并无级别和地域的限制，当事人可以依其意思自治、合意选定仲裁机构作为裁判者。

（三）审理者来源及产生方式不同

法官是国家审判机关的工作人员，通过司法考试及公务员考试等进行选拔。而仲裁员并不是一种专门职业，仲裁员由各仲裁机构依据法律规定进行聘任，包括法律方面的专业人士，也包括在其他特定领域内有声望和丰富经验的专业人士。

如通过诉讼解决并购纠纷，审判法官由法院指定，当事人对于法官的人选没有决定权。而对于仲裁员的人选，在普通程序中，一方当事人均有机会指定一名仲裁员，第三名仲裁员可由双方共同选定或由仲裁机构指定。

（四）是否公开审理的差异

诉讼以公开审理为原则，除涉及国家秘密、商业秘密或个人隐私或出于保护青少年的目的外，一律公开进行审理。

仲裁以不公开审理为原则，除当事人合意进行公开审理外，一律不公开审理。

（五）是否有权采取强制措施的差异

法院有权进行证据保全、财产保全，有权对干扰诉讼活动的当事人采取训诫、拘传、罚款、责令退出法庭、拘留等妨碍民事诉讼的强制措施，有权进行强制执行等。

仲裁庭无权采取前述强制措施。当事人如在仲裁程序中申请证据保全和财产保全，仲裁委员会需转交给有管辖权的法院处理。

（六）救济措施/监督程序不同

我国民事诉讼实行两审终审制，当事人对于一审判决不服可以提起上诉，对于已生效的判决亦可以通过审判监督程序寻求救济。

仲裁为一裁终局制，裁决书自做出之日起即具有法律效力。当事人对裁决书不服的，仅能通过申请撤销或申请不予执行仲裁裁决来获得救济。

三、并购中对仲裁的选择

（一）对仲裁的选择

基于上文讨论的仲裁特征及其与诉讼相比的差异，并购交易中，当事人出于以下原因，往往更倾向于选择仲裁作为解决争议的方式：

（1）当事人可以更多地参与到仲裁的程序中，在更大程度上实现当事人的意思自治，包括选定仲裁机构、选定仲裁规则、约定仲裁程序事项（例如仲裁语言）、选定仲裁员等。

（2）仲裁程序和要求更为灵活。例如，在涉外并购争议中，仲裁并不必然要求境外主体提供经公证认证的主体资格文件；许多仲裁员都具有阅读和理解英文的能力，因此无须将大量的英文证据翻译为中文。

（3）与法官相比，仲裁员可能就某一领域的专业问题或技术问题掌握更多的专业知识和更丰富的实践经验，有利于从专业的角度考虑更符合实践的解决当事人之间的并购争议。

（4）在并购争议中，往往会涉及当事人的技术秘密、交易秘密等商业秘密，或即便不涉及前述，当事人也不希望第三方或公众知晓其涉案争议情况。仲裁以不公开审理为原则，更有利于保护当事人的商业秘密和信息。

（5）仲裁为一裁终局，解决争议的周期较短，有利于尽快确定并购当事人之间的权利义务关系以定纷止争。不过，每个硬币均有两面，同样也由于仲裁为一裁终局，当事人对于仲裁裁决没有上诉的权利，除满足法定条件可以申请撤销仲裁裁决或不予执行仲裁裁决外，当事人必须接受仲裁结果，这在一定程度上增大了当事人承受不利裁决的风险。

（6）中国是《纽约公约》的缔约国，在中国境内做出的有效仲裁裁决可以在其他《纽约公约》缔约国申请强制执行。但由于中国极少与其他国家订立关于互相承认和执行法院判决的条约，在没有该等条约的情况下，中国法院的判决难以在境外获得执行。

（二）选择仲裁的注意事项

在中国的法律制度下，选择仲裁作为解决并购纠纷的方式应特别注意以下事项：

（1）选择仲裁的意思表示明确，不能既选择仲裁又选择诉讼。

（2）明确选定一家仲裁机构，且仲裁机构的名称应表述准确。注意以下情形均属于不规范的仲裁协议：仲裁机构名称不准确（少字或多字）；仅约定仲裁规则或仲裁地点而未约定仲裁机构；同时约定两个以上的仲裁机构。

（3）当事人虽有权利通过合意选择仲裁解决争议，但在目前中国的法律制度下，无涉外因素的境内争议只能选择中国境内的仲裁机构，而不能选择提交到中国境外或我国港澳台地区的仲裁机构仲裁。否则该等选择被视为无效，且裁决无法在中国境内执行。

（4）仲裁员的选择具有关键性，仲裁员的水准决定仲裁的结果。在必要的情况下，可以在仲裁协议中对仲裁员的选定做出具体约定，例如国籍、人数、指定程序、资质和专业背景等。

（5）对于争议解决条款中的友好协商程序持谨慎态度。我们注意到，在许多争议解决条款中，当时人往往会约定在仲裁之前的友好协商程序（例如提前多少天协商、如何通知、各方高管介入等），但在争议发生时，往往该等友好协商程序已经难以启动或没有必要启动，而由于这样的约定，在仲裁之前先启动友好协商程序的话会导致争议解决启动的拖延。

（6）对于同一并购交易项下的多个协议，注意保持仲裁管辖以及争议解决约定的一致性。如果所约定的仲裁机构或仲裁程序（例如仲裁庭组成等）不同，在争议发生时，可能会导致管辖权难以确定、仲裁程序复杂等问题。

第四部分　并购专项奖获奖并购案例精选

　　由中国并购公会和全球并购研究中心共同主办的"中国并购专项奖"评选活动，从2007—2016年已经连续成功举办九届，深受社会各界瞩目和好评，已成为国内并购行业在专业服务、精巧操作和创新能力等领域最高水平的权威奖项。中国并购公会每年评选并颁布"中国并购专项奖"，为并购精英们立传，向专业经济人士与社会公众展示中国并购领域的中坚力量和最高水平，全面推动中国并购走向规范和成熟，步入繁荣。评选活动采取自荐和推荐的形式进行奖项的报名工作，由并购公会专业技术评委会和常务理事会进行综合评定。

　　并购专项奖的评选标准是：

　　★ 创新——价值独到，路径新颖，技术超群

　　★ 精巧——方案精湛，实施有序，运作高效

　　★ 影响——规模超大，案例经典、行业认同

　　★ 整合——重组产业，商业增值，发展转型

　　本书从2015年及2016年中国并购专项奖获奖并购案例中精选二十个经典并购案例与读者分享。

案例一：申银万国吸收合并宏源证券

所获奖项

北京中企华资产评估有限责任公司荣获 2015 年最佳并购财务服务奖。

并购概况

2014 年 7 月，宏源证券发布重组预案，从而掀起了国内证券业迄今为止最大的市场化并购案。申银万国证券以换股方式吸收合并宏源证券，即申银万国证券向宏源证券全体股东发行 A 股股票，以取得该等股东持有的宏源证券全部股票。在此次交易中，宏源换股价格为每股 9.96 元，换股比例为 2.049：1。合并完成后，新公司将承继及承接宏源证券和申银万国证券的全部资产、负债、业务、资质、人员、合同及其他一切权利与义务。新公司的股票将申请在深交所上市流通。新公司将形成"投资控股集团（上市公司）＋证券子公司"的母子公司双层架构。投资控股集团注册地在新疆，将于深交所上市。投资控股集团以全部证券类资产、负债成立综合类证券子公司，注册地在上海，同时由证券子公司在新疆设立区域投资银行和经纪子公司。

本项目吸并主体（申银万国）股东众多，如果选用上市公司定向增发方式，有可能出现部分申银万国股东不愿置换为上市公司股权情况，如收购比例无法达到全部股份的 75％，则有较大的税收风险。最终确定采用吸收合并的方式进行重组。重组中对于宏源股权的价值，采用了停牌日前 20 日的平均股价确定；对于申银万国的价值，采用了市场法及收益法进行评估，最终选取了市场法的评估结论。此案例为评估行业的市场法评估技术的发展提供了难得的实践经验。

并购效果

申银万国证券股份有限公司吸收合并宏源证券股份有限公司项目，在社会上产生了巨大的影响，宏源证券复牌后股价连续 3 天涨停，得到了投资者的认可，同时也得到申银万国原有股东的高度认同，顺利通过了申银万国及宏源证券的股东大会。申银万国也通过此次重组成为目前国内资产超千亿的第三大券商，获得了可持续发展的动力。

案例点评

此次并购交易金额近 400 亿元，为中国证券业交易金额最大的并购案。并购前申银万国总资产 708.27 亿元，宏源证券总资产 345.9 亿元，合并后新公司的总资产达到 1 054.17 亿元，成为千亿级券商，从而一举跻身行业前三。这场券商行业的最大联姻影响深远，它改变了中国券商业界的格局。据悉，未来新公司还将构建控股母公司（上市公司）+证券子公司的母子双重构架，为发展多元金融打开发展空间。

案例二：蓝色光标收购 Vision 7 International

所获奖项

华利安国际投资银行荣获 2015 年最佳并购财务服务奖。

并购概况

北京蓝色光标品牌管理顾问股份有限公司（以下简称"蓝色光标"）是中国的一家上市公司。2014 年 9 月中旬，蓝色光标正式聘请华利安国际投资银行（以下简称"华利安"）为其独家财务顾问，开展对加拿大最大的独立综合广告传播公司 Vision 7 International（以下简称"Vision 7"）的竞标收购，以拓展其北美业务。Vision 7 是总部位于加拿大的一家全球领先的综合性广告与传播公司，在北美及全球范围内为众多知名品牌提供服务。Vision 7 公司的业务主要由四部分组成，分别是 Cossette、Vision7 Media、Citizen Relations 以及 Dare。Cossette 是加拿大最大的独立广告和市场传播公司，为客户提供全方位的广告和综合服务；Vision 7 Media 是加拿大最大的独立媒体购买和策划集团，主要经营 Cossette Media 和 Jungle Media 两大品牌；Citizen Relations 是领先的公关机构，业务遍及全球（美国、加拿大及英国），拥有多家国际合作伙伴；Dare 是一家以数字为导向的公司，主要关注于数字营销、网络通信和社交媒体。

双方于 2014 年中旬签署了股权收购协议，交易对价为 2.1 亿加元（11.2 亿元人民币），以现金形式收购。该交易于 2014 年年底成功交割。交易历时约 3 个月。该交易是中国"并购之王"蓝色光标迄今为止最大的一笔海外收购，也是中国传媒行业 2014 年最大的海外并购交易之一，成功地开启了蓝色光标进军北美的新篇章。

并购特色

1. 高效的并购过程

由于蓝色光标当时还在准备在香港 H 股上市，为了不影响其香港上市的时间表，该并购必须在 2014 年年底前完成，从项目启动到交割只有 3 个月左右的时间，而通常跨国并购交易都需要 4—6 个月才能完成，交易时间相对较短，挑战性较高。为了积极促成该交易，华利安在短短的三个月内开展了大量的工作，包括设计交易方案，进行估值、报价、尽职调查、交易结构设计、海外融资，积极与卖方投行和管理层接触和协调，开展股权收购谈判以及管理层激励等工作。其中工作一环扣一环，任何一步的延迟都可能导致项目的整体失败。在华利安仔细地计划、高效地执行以及有效地多方协调沟通下，在三个月内蓝色光标成功地完成了和卖方的股权收购谈判，完成了和管理层未来激励机制的谈判，成功地进行了境内外融资，在 12 月中旬签署协议，2014 年年底成功交割，避免了与蓝色光标 H 股上市计划的潜在冲突，圆满地完成了该项收购。

2. 成功的境内外融资

该项目交易价值总计达 2.1 亿加元（11.2 亿元人民币），为了尽可能地减少蓝色光标的一次性投入，借力发展，华利安和公司共同专门为该项目设计了境内外的融资方案。在境外，通过杠杆收购的方式，利用Vision 7 现金流充裕、银行资信较好的情况，部分收购款通过标的公司的债务融资解决，将来通过标的公司未来的现金流予以偿还。在境内，积极和相关银行、私募基金进行洽谈，探索内保外贷、夹层融资等方式，以寻求高效低成本的资金。在合理的策划、充分的准备以及积极有效的沟通下，蓝色光标顺利在短时间内从境内外获得并购融资，为交易顺利交割打下了坚实的基础。

3. 管理层留任/激励计划

为了能够保持稳定、激励标的公司的关键管理人员，确保公司业务不会受到股东变化的影响，从交易开始之初华利安就开始了目标公司管理层留任/激励计划的考虑和设计。不仅蓝色光标的高层在国外与目标公司的关键管理层见面、洽谈，增加双方了解，并就其激励计划具体内容进行洽谈。新方案充分考虑了对方管理层现有的薪酬机制，并在此基础上设计了和业绩表现挂钩的管理层留任和激励计划，以确保收购后股东和关键管理层的利益一致，并在股权收购协议签署的当天签署了新的聘用协议，确保人员的稳定和业务的连续性。

案例点评

该项目是中国传媒行业具有历史性和代表性的跨境并购交易；高效的并购过程成为国内上市公司快速收购国外标的公司的示范性案例；迅速有效的境内外融资方式可成为境内公司跨境并购融资的样板；交割前管理层激励计划的确定为关键管理人员的留任起到重要作用；高效、经验丰富的执行团队保证项目的圆满完成。

案例三：龙德文创基金收购航美传媒集团剥离的广告媒体业务

所获奖项

天职国际会计事务所荣获 2015 年最佳并购财务服务奖。

并购概况

北京龙德文创投资基金管理有限公司（以下简称"龙德文创基金"或"买方"）是一家在文化产业相关领域进行投资的 PE 投资机构。航美传媒集团（以下简称"航美传媒"或"卖方"）为一家在纳斯达克上市的广告媒体运营商。基于航美传媒的战略规划，航美传媒拟重组剥离旗下部分广告媒体业务及资产。龙德文创基金拟对该部分业务及资产进行收购。拟重组剥离的业务及资产（标的业务及资产）分布于航美传媒的各子公司，收购前航美传媒已着手进行企业重组。由于重组较为复杂，重组过程将持续至龙德文创基金与航美传媒签署协议后。截至 2015 年 6 月，交易双方签署协议，龙德文创基金以 21 亿美元收购标的业务及资产的 75% 股权，随后交易进入交割阶段。

并购特色

本项目为一次资产与业务收购，卖方重组涉及的业务规模大、资产与员工数量多。如何衡量本次拟重组剥离业务的盈利能力与拟剥离资产的质量是本次交易的重点。交易复杂性对财务尽职调查服务提出了很高的质量要求。本次尽职调查模拟了拟重组剥离业务的资产规模及财务业绩,以深入理解该业务的运营特征及其反映出的财务特点。在分析重组中法律实体合规性风险的同时,通过高程度的财务分析还原拟重组剥离业务的盈利能力,并判断拟重组剥离资产的质量及其对业务运营的支撑能力。

案例点评

通过本项目,引起对复杂的重组、资产剥离及收购过程的模拟分析技术的深入思考。本次交易双方为在美上市公司及并购基金。作为一次跨境资本运作项目,我们与交易方一同探索了在美上市公司战略转型与国内私募股权基金业务发展的新模式,亦为纳斯达克上市公司的业务退出提供了新的参考案例。本次资本运作的成功为国内 PE 投资机构寻找价值洼地、挖掘资本市场中的机会带来了新的启发。

案例四：冷藏车项目中法跨境并购

所获奖项

安永（中国）企业咨询有限公司荣获 2015 年最佳并购财务服务奖。

并购概况

该项目是一个中法跨境股权收购项目，由安永北京牵头财务顾问团队担任买方财务顾问，历时将近一年，最终于 2015 年 5 月初协助买方顺利完成交割。该项目的买方为中国航空工业集团的子公司中航工业河南新飞电器集团有限公司，其主要专注于冷藏车及其他专用车辆的生产和销售；卖方为法国某著名产业基金公司，近年来活跃于欧洲生产制造行业，曾成功协助多个被投资企业完成扭亏为盈的转变；交易标的为法国市场份额排名第二的全尺寸冷藏车制造企业，该企业以其强大设计能力、优良的产品质量以及完善的售后服务闻名于业界。按照买方的并购战略规划，本次交易除了给中国企业带来冷藏车产品设计及制造方面的优良技术以外，也将逐步实现中国及欧洲市场的协同效应。

并购特色

1. 该项目关系到中国冷链行业的发展

随着中国国内对食品健康安全关注的提升，相应的新的行业标准及规定也在陆续颁布。而对于生鲜食物的冷链运输的保障，成为生鲜食品生产企业面临的挑战，也是冷藏车企业发展的新机遇。而欧盟国家在该方面拥有极高的标准，是中国企业及冷链行业借鉴的楷模，因此，并购该类企业将有助于加速中国冷链行业的发展和转型。

2. 标的公司企业价值定价难度大

该项目的卖方为欧洲活跃的产业基金，项目经验丰富，同时其聘请的财务顾问为某国际知名投资银行，项目采用竞标流程进行，在国际范围内邀请数个买家参与竞标。但由于标的公司生产较分散，在法国、德国及西班牙均有生产基地，且其业务类型较为复杂，除了传统的生产制造以外，还提供各类灵活的租赁业务以及售后服务；同时买方作为国有企业，对海外并购项目的价值评估及报价流程有着严苛的审批机制。因此在有限的时间内，在满足买方内部审批机制的基础上，提供恰当、合理同时具有国际竞争力的报价对财务顾问的能力要求较高。

3. 中法文化差异影响

该项目尽职调查工作于 2014 年 6 月下旬完成，买卖双方需要在此基础上就交易价格调整、商业条款、交易合同等重要事项进行谈判。但是每年的 7—8 月为法国休假高峰，财务顾问需要合理地安排时间及流程，促使项目在最大程度上顺利推进。法国企业在发生重大股权交易时，当地法律要求对企业劳工委员会进行意见征询。近些年，由于中国买家对于跨境收购中的人事事务较为关注及敏感，因此财务顾问需要从中积极斡旋，避免双方因此方面的理解差异导致不良的影响。

案例点评

该项目是中国冷链行业标兵企业"走出去"的第一步，在宏观产业层面的发展中具有里程碑的意义。标的公司拥有 80 年的冷藏车生产历史，本次并购无疑协助中国企业擷取了欧洲冷藏车产品的一颗"珍珠"，通过技术工艺、商业模式、供应链及品牌渠道的协同，打造国际化的冷藏车制造企业。

案例五：中国南车吸收合并中国北车成立中国中车

所获奖项

北京市海问律师事务所荣获 2015 年最佳并购法律服务奖。

并购概况

中国南车向中国北车全体 A 股换股股东发行中国南车 A 股股票，向中国北车全体 H 股换股股东发行中国南车 H 股股票，并且拟发行的 A 股股票将申请在上交所上市流通，拟发行的 H 股股票将申请在香港联交所上市流通，中国北车的 A 股股票和 H 股股票相应予以注销。合并后新公司同时承继及承接中国南车与中国北车的全部资产、负债、业务、人员、合同、资质及其他一切权利与义务。本次交易金额约 800 亿元。合并后的中国中车市值超过3 000亿元。

并购服务特色

本次交易的法律服务包括：交易可行性的中国法论证，交易方案设计所涉及的中国法律问题的论证，起草合并协议，起草合并报告书及其他重要的信息披露文件，协助准备国资监管部门、证券监管部门及证券交易所的申报文件，对合并方案推进和实施过程中的重要法律问题进行论证和分析等等。本次交易于 2015 年 6 月交割，历时 1 年。

案例点评

中国南车与北车的合并是集两家 H 股上市公司吸收合并和两家 A 股上市公司吸收合并于一体的上市公司并购重组项目，毫无疑问，这无论对于国企改革还是并购法律服务都是一个开创性的项目，因此，本次合并案例积累的宝贵经验必将对资本市场其他同类型交易具有积极的借鉴意义。

案例六：百视通吸收合并东方明珠

所获奖项

国浩律师（上海）事务所荣获 2015 年最佳并购法律服务奖。

并购概况

此次并购涉及百视通新媒体股份有限公司、上海东方明珠（集团）股份有限公司、上海文化广播影视集团有限公司、尚世影业股东、东方希杰股东、募集配套资金对象等，共计 31 家交易方。百视通以新增股份换股吸收合并东方明珠。本次交易完成后，百视通作为存续方，东方明珠注销法人资格，其全部资产、负债、权益、业务和在册人员将并入百视通。百视通非公开发行股份购买尚世影业 100% 股权、五岸传播 100% 股权、文广互动 68.067 2% 股权、东方希杰 45.211 8% 股权，以部分配套募集资金购买东方希杰 38.944 2% 股权。百视通向特定对象定向发行股份募集配套资金，募集配套资金不超过 100 亿元。募集配套资金将用于支付部分拟购买资产的现金对价和重组后上市公司的主营业务发展。

并购效果

本次并购交易是上海文化国资领域进一步深化国有企业改革的重大举措，充分发挥了市场机制在资源配置中的决定性作用，通过市场机制提高了国有资本对文化传媒领域的影响力。本次交易是国有文化传媒企业主动顺应传统媒体与新媒体融合，以全媒体对接和全产业链布局，构筑互联网媒体生态系统、商业模式、体制架构的有益尝试。本次交易实现了上海文广集团旗下优质资产的整体上市，形成上海文广集团旗下统一的产业平台、资本平台、整合平台，提高了上海文化传媒产业在国内外市场的地位和竞争力。本次交易将打造国内唯一全牌照全产业链全渠道的互联网传媒集团。

案例点评

本次交易打造了 A 股首家千亿级市值的文化传媒行业龙头股，涉及交易总额 418 亿元，为目前中国文化传媒行业及互联网行业规模最大的并购交易纪录，交易配套融资额 100 亿元，打破了当时 A 股市场重大资产重组配套融资最高额的交易纪录。本次交易涉及的交易方、并购标的众多，交易方案复杂，涉及多个文化传媒新兴行业、业务，交易方案涉及广播电视、外资、反垄断、国资、证券等多个领域的法律法规及行业监管部门及政策，项目负责人率领团队成员扎实工作，积极沟通，快速响应，通过多年来对文化、传媒、互联网等行业的法律法规、监管政策的深刻理解，提出了具有创造性、可操作性的法律解决方案，为本项目提供了全面、周到、优质的法律服务，获得了市场、客户、监管部门的一致好评和认可。

案例七：通鼎互联收购新三板股权项目

所获奖项

北京市中咨律师事务所荣获 2015 年最佳并购法律服务奖。

并购概况

通鼎互联信息股份有限公司（以下简称"通鼎互联"，即原江苏通鼎光电股份有限公司）系在深圳证券交易所挂牌的上市公司，苏州瑞翼信息技术股份有限公司（以下简称"瑞翼信息"）系曾在全国中小企业股份转让系统（以下简称"新三板"）挂牌的公司。通鼎互联分别通过：①向瑞翼信息 10 名股东发行具有一定锁定期的 A 股普通股股票，以购买该 10 名股东合计持有的瑞翼信息 51% 的股份（也即瑞翼信息变更为有限责任公司后的 51% 股权）。当交易完成并实施交割后，通鼎互联则成为瑞翼信息的控股股东。②以非公开发行股份募集资金收购瑞翼信息 10 名股东合计持有的瑞翼信息 41% 的股份。总计收购瑞翼信息 92% 的股份，实行一体筹划，分步实施，各自独立。

并购效果

本次交易因瑞翼信息发起人股东股份锁定问题，承办律师设计了将瑞翼信息由股份公司反向改制为有限公司的方案，成功地解决了股份限制转让的问题。同时，双方此次资源整合创造了资本市场的多个第一：

①瑞翼信息主动申请从新三板摘牌，是该交易市场主动退出的第一例；②瑞翼信息从新三板挂牌到摘牌不足 4 个月，是该交易市场主动摘牌速度的第一位；③新三板挂牌公司控股权被上市公司收购的历史第一例；④创新三板挂牌公司从挂牌到被上市公司收购速度的第一位；⑤上市公司（光纤通信）跨界并购新三板公司（互联网增值服务）的第一例。

此次并购交易完成后，使上市公司成功启动双主业转型，实现互联网＋光纤通信模式，经济效益突出。交易对方承诺瑞翼信息2014年扣除非经常性损益后归属于母公司通鼎互联的净利润不低于2 000万元，实现利润数为2 071.47万元，完成率为103.57%；2015年相关利润承诺为不低于2 900万元，截至2015年6月30日，瑞翼信息实现利润数为1 740.58万元，完成率为60.02%。瑞翼信息经营的稳步增长为通鼎互联贡献了不少利润，完美实现了本次并购整合的目标。

案例点评

从项目本身来说，虽然该并购所涉金额不很大，但通鼎互联发行股份购买资产项目开创了多个第一，为上市公司并购新三板公司提供指导，极具特色性、代表性，属于精致案例。从项目解决思路来说，项目进展过程中触及的多个问题及解决的思路极具有指导意义。项目负责人通过其自身的职业判断及业务水平推动项目顺利、平稳地过渡，并通过对项目处理的巧妙的构思，如确定相关交易方案、解除交易限制的红线、打破交易束缚的藩篱等，解决项目推进过程中遇到的各项法律问题，对优秀资源进行整合实现交易双方利益最大化。该项目的整体操作也为他人在处理类似项目时具有一定的指导意义。收购完成后，使上市公司成功启动双主业转型，实现互联网＋光纤通信模式的企业战略。

案例八：中电投资联合浦东科投收购澜起科技

所获奖项

北京观韬律师事务所荣获 2015 年最佳并购法律服务奖。

并购概况

2014 年 11 月，中国电子投资控股有限公司（以下简称"中电投资"）联合上海浦东科技投资有限公司（以下简称"浦东科投"），通过在开曼群岛注册成立的投资平台公司，收购澜起科技集团有限公司（纳斯达克：MONT）（以下简称"澜起科技"），对澜起科技进行私有化。在该并购交易中，澜起科技的估值约为 6.93 亿美元（在完全摊薄的基础上）。

中电投资作为交易的并购方之一，是中国电子信息产业集团有限公司下属全资子公司，其集团母公司中电集团作为中央管理的国有重要骨干企业，主营业务为提供电子信息技术产品与服务，产业分布于信息安全、集成电路、信息服务等国家战略性、基础性电子信息产业领域，是中国最大的国有综合性 IT 企业集团。浦东科投作为交易的另一并购方，是一家直属于上海浦东新区政府的国有投资公司，其业务涵盖 VC/PE 投资、并购投资、品牌运作、母基金管理、债权投资等领域。澜起科技，作为交易的被收购方，是一家注册于开曼群岛并在美国纳斯达克上市的上市公司，也是一家全球领先的模拟与混合信号芯片供应商，目前专注于为家庭娱乐和云计算市场提供以芯片为基础的全方位解决方案。

并购特色

本次交易完成后，交易各方将对澜起科技进行重组。北京观韬律师事务所就重组将涉及的中国境内变更登记或备案进行了分析及论证。在此期间，中国的境外投资法律持续发生变化，尤其是 2015 年 6 月 1 日实施了

《国家外汇管理局关于进一步简化和改进直接投资外汇管理政策的通知》
（汇发〔2015〕13号）。中电投资在确立与浦东科投联合收购澜起科技后，
与第三方就收购完成后的澜起科技重组事宜展开谈判及合作。

案例点评

在中国境外投资法律发生了重大变化且先后涉及两个收购方的新型交
易结构的情况下，本次交易的收购方案以及收购方合作方案设计论证及谈
判、反垄断申报等工作遇到了较大挑战，该并购项目能够完成实属不易。

案例九：美国 BEP 公司并购项目

所获奖项

中国光大控股有限公司荣获 2015 年最佳并购交易服务奖。

并购概况

BEP 公司成立于 1953 年，总部位于美国密执安州，是全球汽车测试系统的领导品牌。产品包括整车终端检测设备、底盘测功机、轮胎自动化装配线、风电齿轮箱试验台、变速箱检测设备、传动系统试验设备等，核心产品占全球市场份额近 50%。此外，公司还积极进入新能源、航空航天等领域。公司在美国、比利时、中国无锡设有工厂，业务遍及 20 多个国家和市场。BEP 公司一直由创始人家族持有，管理层持有少量股权。公司经营稳健，财务情况健康。中国光大控股有限公司（下文简称"光大控股"）非常看好 BEP 公司的核心能力和发展潜力。经过半年的跟踪研究，于 2014 年中正式展开收购工作。经过三个月的高效执行，于 2014 年 10 月与原股东签署股权买卖协议，以近 1 亿美元的对价收购 BEP 公司约 98% 股权，剩余 2% 股权由管理层持有。

并购特色

在中国企业"走出去"、经济结构转型、产业升级、人民币国际化及美元升值的大背景下，光大控股逐步加大海外投资力度，围绕"十二五规划"中列出的一系列战略行业，重点关注高端制造业、农业科技、医疗技术、环保新能源等产业。在投资分析和决策时，不仅关注企业本身的状况，也非常看重其产品和技术在国内市场的接受度。通过海外投资并购，光大控股希望借助自身及光大集团的整体优势和不懈努力，将海外优质资产和技术引入中国，提升中国企业的国际竞争力，并协助中国产业升级和经济结构转型。

经过深入细致的投资研调，认为 BEP 公司的核心优势非常契合光大控股的海外投资策略：BEP 公司是行业两大龙头之一，市场占有率接近50%，领导地位明显；BEP 公司拥有卓越的自主创新和研发能力，这是目前国内企业所欠缺的；BEP 公司拥有横跨全球的业务网络，能够有效缓冲单一市场波动对于公司业务的影响；BEP 公司业务模式具有高度可扩展性，以其核心业务为平台，通过内涵式发展和并购，可以不断进入新业务领域，驱动利润增长。

案例点评

从财务角度考虑，收购价格低于市场同类公司的交易水平。根据 BEP 公司的商业计划，公司未来将持续稳定增长，预计退出时能够为投资人带来可观的投资回报。从战略角度考虑，BEP 公司具有领先的市场地位、卓越的研发实力、广泛的业务分布，而且正积极进入新能源、航空航天等领域。BEP 公司的产品和技术在中国具有广泛的应用空间。因此，光大控股收购 BEP 公司，借助光大控股的资源和网络，一方面可以帮助 BEP 公司扩展在中国的业务，另一方面也可以帮助国内企业（特别是国企和央企）填补技术空白、提升技术实力，这符合光大控股及光大集团作为国企所肩负的帮助中国产业升级和技术转型的使命。整个收购流程紧凑高效，前期准备充分，后期执行有力。

案例十：华策影视并购克顿传媒

所获奖项

东方星晖（北京）投资基金管理有限公司荣获 2015 年最佳并购交易服务奖。

并购概况

2013 年 7 月，浙江华策影视股份有限公司（以下简称"华策影视"）以支付现金和发行股份相结合的方式购买上海克顿文化传媒有限公司（以下简称"克顿传媒"）100% 的股权，并通过定向增发募集配套资金29 000万元。本次交易的最终价格为165 200万元，是国内影视行业横向并购交易金额最高的项目。其中，华策影视以现金的方式支付交易对价的 35%，总计现金57 820万元；以发行股份的方式支付交易对价的 65%，总计发行股份数为53 824 561股。

并购效果

该项目打造了电视剧行业市场占有率第一的龙头企业。华策影视是电视剧行业创作、发行能力最强、经验最丰富的公司之一，而克顿传媒年投拍电视剧数量居于行业前列，因此交易完成后，华策影视拥有电视剧版权超过万集，成为行业内市场占有率第一的企业，加快了行业的洗牌和整合，促进行业走向成熟。作为影视行业"收购潮"中影响力最大的项目之一，本次交易加速改变了行业"小而散"的竞争格局，推动形成"强者愈强，弱者愈弱"的两极分化状态，促使行业进一步走向成熟，推动实现强强联合、优势互动，促进企业和行业的商业模式变革。华策影视具备传统企业成熟的操作流程和强大的发行能力，克顿传媒是国内影视剧智能数据平台开发和应用方面的领军企业。二者通过传统运作经验和"大数据"分析方式的融合，引领整个行业从 B2B2C 模式向 C2B2C 模式的变革；帮助客户做强内容主业，为产业链的进一步横向布局埋下伏笔。华策影视依靠本次交易实现了精品内容规模化，在后续进一步实施了境内外并购，加快了产业链横向布局。

案例点评

本次华策影视并购克顿传媒的交易创造性地促成了电视剧行业的大型传统企业和创新企业的强强联合和优势互补，推动了客户的行业地位确立和商业模式升级。交易前，财务顾问充分研究了客户需求，协助客户制定了详细、可行的战略规划，并据此锁定最为合适的并购标的；交易过程中，协助客户在团队管理和经营决策、企业文化、技术研发、销售渠道、客户资源、财务管理等方面实施全面整合，使得客户取得和巩固了行业龙头地位；交易完成后，进一步协助客户战略入股韩国龙头电影公司 NEW，帮助客户进行横向业务整合及多元化、全球化发展。该交易的财务顾问团队，在此次交易的整合服务方面最大程度上履行了勤勉尽责义务，超预期地创造和提升了客户价值。

案例十一：包钢股份增持包钢集团资产项目

所获奖项

浦发银行总行荣获 2015 年最佳并购交易服务奖。

并购概况

2007 年，包钢集团旗下包钢股份通过发行股份购买资产的方式实现了包钢集团钢铁主业资产的整体上市，包钢集团已将包括炼铁、炼钢、轧钢等核心生产工序在内的完整的钢铁生产工艺流程及与之配套的能源、动力等辅助系统注入了包钢股份，使包钢股份实现了钢铁生产的一体化经营。本项目是包钢股份进一步实现对包钢集团下属矿产资源相关资产的整合，并向上游选矿业务延伸，完善公司产业链的动作；同时，本次发行有利于提升上市公司未来的发展潜力，实现上市公司产业转型，提高上市公司的盈利水平，增强上市公司的核心竞争能力。

并购特色

本次交易涉及资产估值达到 270 亿元，是内蒙古地区最大的并购案例。同时本次并购案例除涉及上市公司以外，涉及的 10 家机构同时参与定向增发，如何协调一致也是难点。由于作为上市公司定向增发募集资金的主要用途是收购控股股东的矿山资产，该类资产是被我国炼钢企业所忽视的，市场也没有较为明确的估值体系，如何进行估值是比较难以把握的。而本项目涉及金额巨大，在满足客户要求的前提下，如何协调各金融机构联合融资，提供最佳融资方案也是难点之一。浦发银行独家提出了"并购组合融资"的模式，获得了客户的高度好评。

案例点评

本项目为特殊行业的重组案例，牵涉到并购战略、并购方案、并购融资、并购整合等诸多环节；本项目由于其行业特殊性以及企业客观要求，并购融资安排时间紧、任务重；本笔并购交易具有交易金额大、项目较为复杂的特点，通过企业及浦发银行的共同努力，在较短时间内完成了融资结构设计、融资支付安排等，为企业并购整合打下良好基础；通过金融支持响应国家产业结构调整和优化升级的战略，通过对钢铁企业的整合和重组，淘汰落后产能，提升国家生产效率和水平。

案例十二：俊和发展集团控股型收购

所获奖项

北京尚融资本管理有限公司荣获 2015 年最佳并购交易服务奖。

并购概况

俊和发展集团成立于 1968 年，是香港享负盛名的建筑及发展公司，专注发展建筑业务，纵横建筑业界逾 45 年，具备承接公营及私营大型综合建筑项目的能力，包括土木工程、楼宇建筑、地基工程、机电安装及装饰工程。1993 年 2 月，俊和发展集团于香港联合交易所主板挂牌上市（股份代号：00711），凭借丰富的经验，承建的标志性项目包括香港机场管理局航天广场及旅客捷运隧道工程，九铁西铁、马鞍山铁路以及大屿山国际主题公园内的铁路轨道工程，承建的"宏景花园"拥有 2 230 个住宅单位，"俊宏轩"——最大型的私人机构参建居屋计划项目，拥有 4 100 个住宅单位以及著名国际主题公园的多个项目等。北京尚融资本管理有限公司（以下简称"尚融资本"）联合合作伙伴，通过间接全资持有的香港公司中国新维投资有限公司，以受让股份、配发新股和认购可转换股债券之形式对香港上市公司俊和发展集团有限公司（0711. HK）实施控股型收购，收购完成后持有俊和发展 51.15% 股权，总代价为 6.91 亿港元。

并购特色

1. 跨境控股并购，管理专业性充分彰显。本次交易中，尚融资本联合合作伙伴对俊和发展实施跨境控股型收购，实现了大陆专业投资机构对香港老牌建筑实体企业的并购，并购管理专业性得到充分体现。

2. 并购整合协同效应显著。尚融资本及其合作伙伴通过推动俊和发展与内地建筑企业的进一步合作，为俊和发展大力拓展了内地和海外市场，实现了多方共赢。2014—2015 年财年，在整体经济下行的情况下，俊和发展营业收入增加 27%，净利增长 10%。

3. 综合运用多种交易方式，设计精巧。本次交易中，综合采用受让股份、配发新股和认购转股债券等多种交易形式，不但实现了新老股东利益平衡，也为企业的业务拓展、战略发展提供了后续支持。

案例点评

尚融资本及其合作伙伴的经验将有助于俊和发展把握未来众多商机，尤其是中国政府大力推动的基础设施和公共服务领域 PPP 项目（公私合营项目）以及"一带一路"计划下的国内外大型基础设施项目，此等皆为俊和发展拓展海外市场的重大机遇。尚融资本及其合作伙伴将会促进俊和发展与内地主要建筑工程企业的进一步合作，发展合作战略伙伴关系，实现各方多赢格局。

案例十三：惠而浦集团跨境收购合肥荣事达三洋电器

所获奖项

国元证券股份有限公司荣获 2015 年最佳并购交易服务奖。

并购概况

惠而浦集团（Whirlpool Corporation，纽约证券交易所上市公司，标普500 成分股），是目前全球领先的大型白色家电制造和销售企业，其业务范围遍及全球 170 多个国家和地区，主要产品涉及洗衣机、干衣机、微波炉、冰箱、空调、灶具、抽油烟机、洗碗机及家庭厨房垃圾处理机等，2013 年度销售额 180 多亿美元。集团通过下属全资子公司惠而浦中国投资有限公司（下文简称"惠而浦中国"），实施对合肥荣事达三洋电器股份有限公司（下文简称"合肥三洋"，股票代码：600983）的收购。

通过惠而浦中国受让股权和认购合肥三洋非公开发行股份的方式完成对合肥三洋的跨境收购控制权，交易金额合计 33.82 亿元。惠而浦中国受让合肥三洋日方股东三洋电机、三洋中国合计持有的股份 1.57 亿股，占总股本的 29.51%，交易金额 14.15 亿元。股份转让完成后，三洋电机和三洋中国不再持有公司股份。同时，惠而浦中国认购合肥三洋非公开发行的2.34 亿股，出资总额约 19.67 亿元。上述股权转让和非公开完成后，惠而浦中国持有合肥三洋 51% 的股权，公司的控股股东和实际控制人由合肥市国资委变为惠而浦中国、惠而浦集团，公司名称由"合肥三洋"更名为"惠而浦"。

并购效果

成功化解合肥三洋日方股东股权退出和三洋商标终止的风险，最大程度地保护广大中小股东利益及公司利益。公司依托惠而浦的国际品牌和影响力，加速公司的国际化进程，同时，公司获得近20亿发展资金，以及国际技术、管理、商标输入，提升了核心竞争力。发行前公司股价约8元，收购完成后，公司股价稳定在13元左右，中小股东受益，同时国有股权市值增长约9亿元。惠而浦集团通过控股合肥三洋，分享中国市场机会，同时股权直接获利约16亿。合肥成为惠而浦中国总部所在地、全球研发基地、惠而浦全球最大生产基地，同时整合广东惠而浦和海信惠而浦资产，采取托管方式解决同业竞争，获得证监会认可。

案例点评

该并购交易服务券商深入分析行业发展背景和客户需求，积极撮合并购交易；精心设计跨境并购上市方案，体现出专业水平；与国资委、商务部、证监会积极沟通，迅速推进并购实施，深得客户满意；并购发现价值，为国有资产混合所有制改革探索了一条可行的路径，实现了交易各方多赢格局。

案例十四：锦江国际收购法国卢浮酒店集团

所获奖项

中国工商银行荣获 2015 年最佳并购交易服务奖。

并购概况

锦江国际是我国规模最大的综合性旅游企业集团，为上海国资委下属企业，以酒店管理与投资、旅行服务及相关运输服务为主营业务。与全球 20 多家世界著名品牌集团建立了广泛的合资合作关系。卢浮酒店集团（"LHG"）成立于 1976 年，是欧洲和法国第二大连锁酒店集团，在全球 46 个国家拥有、管理和特许经营 1 115 家酒店，共计 9.1 万间客房，在欧洲的核心市场具有较高知名度，位于全球领先地位。

2015 年 2 月，锦江集团正式就收购卢浮酒店项目完成 100% 股权交割和原有贷款置换，交易总金额 12.9 亿欧元。中国工商银行（下文简称"工行"）在此项目中担任融资顾问和银团全球唯一协调人及牵头行，为收购提供了过桥融资和国际银团贷款。本次收购有利于锦江集团把握欧洲旅游及酒店市场机会，整合境内外资产，进一步提升业务规模。

并购效果

1. 民族酒店品牌走向国际市场。锦江国际是目前我国规模最大的综合性旅游企业集团，本次通过收购欧洲最大的酒店管理集团之一卢浮酒店集团，进一步加快实施海外布局战略，打开欧洲市场，增强自身实力，使成功收购及运作 IHR 洲际酒店的经验能够得以推广。同时，借助卢浮酒店集团在欧洲市场具有的广泛市场和品牌影响力，提升锦江品牌价值，为未来高端化发展打好基础。

2. 银企合作拓展中国高端境外旅游市场。本交易是银行支持国内企业，通过银企合作拓展境外市场的典型案例。在收购交易的过程中，工行依托集团境内外分行的强大网络、资金成本优势、专业服务优势，为企业提供财务顾问服务。

案例点评

该并购是工行支持中国民族酒店品牌走向全球市场的重要举措，亦是工行与锦江集团银企联手拓展中国高端境外旅游市场的战略性尝试。通过该项目的成功实施，银企双方结下了深厚的合作情意。工行依托集团境内外分行的强大网络、资金成本优势、专业服务优势，延伸了传统商业银行服务领域，为投资银行业务创造了新的增长点。

案例十五：中核钛白并购重组

所获奖项

中国企业改革与发展研究会副会长周放生、李涓荣获 2016 年最佳并购推广奖。

并购概况

中核华原钛白股份有限公司（下文简称"中核钛白"）是一家国家军转民的政策性债转股企业，经过改制、规范与培育后，于 2007 年 8 月 3 日在深圳证券交易所中小板上市，大股东为中国信达资产管理股份有限公司（下文简称"信达"）和中国核工业集团 404 有限公司（下文简称"404"），员工 1 800 人且多为我国核二代，地处甘肃嘉峪关往西 120 公里处的国家核基地 404 腹地。因为内部人控制导致管理混乱、跑冒滴漏严重、盲目投资、财务亏空，加上世界金融危机等外部影响，企业 2008 年、2009 年、2010 年三年连续巨额亏损，内外矛盾凸显，员工不断聚众上访，企业濒临退市、破产境地，严重影响着国家核基地、资本市场和广大员工的稳定，引起党中央、国务院及地方政府的严重关切与高度重视，从而寻找出一条从根本上将企业拯救脱困并走上持续经营的健康轨道显得十分急切而且极端重要。

该项目历经 2007—2009 年大股东及企业自救、2009—2010 年引进重组方救助均告失败，经过多方艰难的探索，2010.12.28 至 2015 年选择了托管经营（2010—2011 年）、破产重整（2011—2012 年）、并购重组（2013—2015 年）、配套融资叠加的综合救助模式，对企业实施全方位、立体式拯救与改造，最后取得了彻底的成功。本次并购重组实现标的 15.46 亿元人民币。

并购效果

中核钛白经过托管经营（2010.12.28—2012.7.31），解决了内部人控制与操纵管理经营混乱的问题；经过破产重整（2011.12.1—2012.12.15），解决了金融机构、供货商等机构与个人债务协商和解、职工身份转换与安置、股票重新定价等问题；通过并购重组（2012.12.16—2015.12.31），解决了中核钛白重组方的引进、优质资产置入、先进管理水平引入、解决现金流断裂、法人治理结构重构与完善等问题；通过配套融资，解决了上市公司持续经营的信用修复与再造问题，重新与中国银行、光大银行、宏源证券等金融机构与券商建立起稳定的授信、股票质押回购交易融资关系。经过四个环节近五年的磨合、运转、修复、完善、优化、提升，中核钛白不仅建立起完整的内部监督控制体系，恢复了自身造血机能，而且彻底走上了一条持续经营、自我纠偏的健康发展轨道。中核钛白重建再生的做法，已经成为通过市场、专业、法制手段拯救企业的优秀案例，最高人民法院2016年7月将中核钛白评选为全国破产重整的优秀成功案例。

中核钛白15.46亿元的并购重组，截至2016年9月30日，已经圆满完成既定各项任务。中核钛白各利益相关方取得了多赢的结果，这是近年来并购重组唯一没有输家的标的；生产经营步入正常状态，跑冒滴漏全部得到遏止，各项收益率达到行业历史上最高水准，产品规模及质量均创历史最好水平。目前中核钛白在全行业排名第二位，有望在一两年内跃居国内第一位；职工在身份转换之后，主动性积极性得到显著提升，戈壁滩国家核基地的稳定有了坚实的基础。尽管全行业经济效益连续三年严重滑坡，钛白粉生产、经营处于产业发展周期的谷底，但中核钛白2016年无疑将实现整体盈利。

案例点评

中核钛白通过运用托管经营、破产重整、并购重组、配套融资等叠加的政策和手段、工具，从濒临退市、破产的境地拯救脱困，并走上持续经营的健康发展轨道。成功原因有两个：其一是整体设计，系统把控，目标导向，任务清单；其二是专业思维，大胆创新。无论是托管经营，还是破产重整，都是证监会极其审慎准入的。在托管经营阶段，为了防止托管方侵占上市公司利益、拍屁股走人的情况，事先设置了14项严密的、可操作的、可兑现的承诺保障措施；在破产重整环节，为防止逃废债务情况，千方百计地实现债权人、债务人、出资人、重组方、小股东、监管者、国资、人民法院等手拉手、和谐进入重整计划；通过地毯式做工作，在各利益相关人之间达成最大限度的妥协与平衡；在托管经营、破产重整阶段，嵌入式地提前考虑并购重组问题，在破产重整结束时即与并购重组、配套融资无缝对接地开展各相关工作；在重整完成后，为帮助上市公司信用修复等做了大量工作。无疑，中核钛白是资本市场上不可多得的破产重整的优秀经典案例。

案例十六：佳兆业债务重组

所获奖项

中国银行总行荣获 2016 年最佳并购交易奖。

并购重组概况

佳兆业集团成立于 1999 年，2009 年在香港联交所主板上市，以运作城市旧改项目闻名业内。2012—2014 年，佳兆业年均复合增长率 48%，2014 年度实现销售收入 239 亿元，全国排名第 19 位。2014 年上半年佳兆业摘得深圳楼市成交量、成交金额的双料冠军，被誉为"旧改专家、业界黑马"。

2014 年 11 月，佳兆业位于深圳的四个项目近 2 000 套房源被"管理局锁定"，自持项目也无法办理抵押融资。12 月 31 日，郭英成辞任佳兆业董事局主席，引发系列交叉违约，债权人纷纷采取诉前保全等措施查封佳兆业资产。截至 2015 年 1 月末，佳兆业涉及 80 宗境内诉讼和仲裁案件，涉及金额 128 亿元。佳兆业遇到了前所未有的债务危机：

（1）债务金额巨大，企业走到破产边缘。截至 2014 年末，佳兆业集团有息债务总额达 649 亿元，其中境内有息负债 477 亿元，境外 172 亿元。2015 年内到期债务高达 255 亿元，而公司 2014 年末非受限制现金仅为 3.1 亿元，现金流严重枯竭，市场一度传出破产传闻。如处置不当，可能会造成债权人的巨额损失，继而引发区域性金融风险。

（2）项目建设停滞，社会影响巨大。风险事件导致佳兆业 30 个在建项目处于停工或半停工状态，涉及众多小业主切身利益。仅在深圳地区，尚未入伙的楼盘涉及 6 万多小业主，还影响到十多万建筑工人的生计。2015 年 3 月至 4 月期间，深圳发生万人签名、千人静坐、集体上访等多起维权事件，对区域社会稳定造成负面影响。

（3）海外投资者信心受挫，股价"断崖式"下跌。风险事件发生后，市场信心大幅受挫。在一个月内，佳兆业股价下跌47%，海外债券价格下跌61%。佳兆业债券"违约风波"在海外债券市场蔓延，事件发生初期，中国房企整体海外债券价格下跌了5%—10%，发债成本明显上升。佳兆业债务危机涉及金额大、范围广、社会影响深远，且处于我国经济"三期叠加"、房地产市场调整时期，风险处置难度大。中国银行对佳兆业融资总额高达百亿元，必须妥善进行处置。中国银行按照"算清账、明权责、控损失"的工作思路，在深入调查分析的基础上，权衡各方利益及社会影响，妥善制订风险化解方案。

经研究，中国银行（下文简称"中行"）认为可采取的处置手段包括诉讼清收、破产清算和债务重组三种方式。诉讼清收、破产清算等方式的副作用明显。一是债权人损失巨大。据中介机构测算，企业破产清算状态下，境内金融债权人平均受偿率仅为40%，海外债权人几乎血本无归，受偿率仅为2.4%。而且，境内有息负债中理财、信托计划等业务占比高达81%，如处置不当，风险将会通过上述业务传导至个人和机构投资者，社会影响广泛。二是司法手段处置周期较长，且涉及众多小业主及个人投资者，要防止对区域社会稳定造成影响。三是可能影响海外投资者对中国企业的信心，推高中国企业融资成本，对中国金融环境构成负面影响。因此，债务重组是化解危机的最佳途径。通过调查分析，发现佳兆业尚具有商业价值：企业账面仍有100多亿元净资产，尚未陷入资不抵债的境地；2015年以来，深圳、上海等地房地产价格明显上升，加之目前处于降息通道，佳兆业具备摆脱债务困境的外部条件。此外，深圳地区土地储备少，而佳兆业在深圳、广州等地区的30多个旧改项目尚有1 000多万平方米可售面积，商业价值巨大。佳兆业在十多年的旧改项目运作中积累了丰富的人才储备和旧改品牌价值，这也是佳兆业最大的商业价值。因此，采取债务重组方式化解佳兆业危机，与企业共同进退，对于各方而言都是最优选择。

截至 2015 年 12 月 31 日，佳兆业整体债务重组全部解决，签订重组协议；截至 2016 年 5 月 1 日，境外债务重组也获得圆满解决。目前，佳兆业的房地产经营步入稳健正常的发展轨道，截至 2016 年 9 月末，销售总额已达到 250 亿元。

并购重组经验

佳兆业债务重组最终圆满收官，中行从中积累了宝贵的经验：

（1）银行与客户之间应该欲取先予，破解零和。佳兆业风险事件关乎债权人、企业和小业主各方利益，如果处置不当，各方都会成为"输家"，实际上相关方都是利益共同体。中行认为，作为一家好的银行，遇到风险事件时不能仅想到自己，不能不区分情况，"一刀切"地贸然采取停贷、抽贷和法诉措施，使企业融资困局雪上加霜。尤其是对于具有发展前景但面临暂时性困难的企业，需要站在客户和社会群体利益的角度考虑问题，主动与企业协商债务重组或分期偿还计划，提振各方信心。要善于换位思考，遵循价值判断与商业原则，和企业一起冲出困境，赢得客户追随和老百姓的"口碑"。

（2）树立不良资产经营理念，实现价值增值。经济下行，我国商业银行不良资产增加明显，但中行认为这是市场经济周期性调整的结果。市场化行为需要市场化处置手段。处置方式包括法律清收、破产清算和盘活重整等手段，但前两者如果运用不当，可能使得有价值的资产变为沉没成本，而盘活重整是通过对债务人商业价值的保护，使得遭遇阶段性困难的企业在经济企稳向好时迅速恢复，实现银企共赢。因此，应以经营的视角看待不良资产，注重发挥集团内部多元化联动优势，为客户量身定制重组方案，实现增值。

（3）银企"互信"，相向而行，这是解决债务问题的必然选择。佳兆业在面临债务危机时，没有丧失信心，积极与政府和债权人沟通债务解决方案，主动配合债务重组工作。同时也主动调整业务策略，压缩资金支出，实施"瘦身"计划，寻找走出资金困局之路。在此过程中，企业与债权人之间逐步建立了互信，相向而行，最终成功化解了债务危机，维护了社会稳定。

案例点评

由深圳锁盘引发的佳兆业全面债务危机，导致佳兆业流动资金一度陷入断裂、枯竭，形势极其严峻。加之金融机构停止新增融资，银行纷纷采取轮候查封、冻结资产等手段，企业无暇顾及正常经营，几乎濒临破产、清算境地。作为债委会总顾问、债委会主席机构，中国银行担起社会责任，为防止区域性金融危机爆发，化解金融风险，支持实体经济，在极其困难的情况下，协同48家金融机构，与佳兆业展开坦诚的沟通、交流，初步达成庭外进行全面债务重组的整体解决方案，本着互谅互让、着眼长远、求同存异、开放包容、合作多赢的总体目标，对各金融机构债务进行期限、利率的整体重组，给企业创造出一个阶段缓冲、休养生息的机会。

案例十七：上海超日破产重整 + 资产重组

所获奖项

中国长城资产管理公司荣获 2016 年最佳并购交易奖。

并购重组概况

中国长城资产管理公司（简称"中国长城资产"）创新设计"破产重整 + 资产重组"交易模式，充分发挥金融资产管理公司功能优势，圆满解决了国内公募债市场首单违约即"11 超日债"违约事件。2014 年 3 月 4 日，超日公司发行的 10 亿元公司债（以下简称"11 超日债"）宣告无法按期支付利息，成为国内公募债市场的首个违约案；同时，由于超日公司连续三年亏损，深交所决定超日公司股票自 2014 年 5 月 28 日起暂停上市（当日收盘价每股 1.91 元），超日公司也由于严重资不抵债而进入司法破产重整程序。中国长城资产通过破产重整一次性解决"ST 超日"公司的巨额债务问题，同时引入财务投资者和产业重组方帮助企业恢复生产，不但使企业起死回生复牌上市，而且还获得了持续发展能力，并有效推进了我国光伏行业的资源整合和产业升级。超日公司股票价格由重组前的 1.91 元/股增长到复牌后的最高 17.64 元/股，涨幅达到 823.6%。中国长城资产在这个过程中还切实履行了中央金融企业的社会责任，保护了 6 000 多户中小债民的权益，维护了社会稳定，受到了社会方方面面的赞誉，取得了良好的社会效益和经济效益。

1. 创新设计重组方案，实现多方共赢

早在超日债违约事情出现之前，中国长城资产项目负责人在参与收购不良资产包的过程中，发现数家金融机构拟转让的不良债权中都对应着同一家上市公司，即此次破产重整的主角——上海超日太阳能科技股份有限公司。

通过初步研判，项目负责人联合中国长城资产上海办事处迅速与超日公司建立联系。经多次现场调研发现，超日公司已经出现了严重的流动性困难，银行贷款逾期，主要银行账户及资产被冻结，开工率不足，无法正常生产经营，整体业绩持续亏损，由此判断"11 超日债"将极有可能出现违约，并且 2013 年的亏损使超日公司将面临暂停上市。项目负责人敏锐捕捉到背后蕴含的巨大重组商机，立即牵头组建了包括北京市金杜律师事务所、立信会计师事务所、中信建投证券有限责任公司等在内的团队，全面梳理超日公司整体债务和资产。正如前期的判断一样，2014 年 3 月 4 日"11 超日债"正式宣告违约。面对超日公司高达 58 亿元的总债务，如果破产清算，普通债权受偿率仅 3.95%，只有重组，超日公司才有起死回生的可能，广大债权人的利益才能得到最大程度保护。

项目负责人认为，从超日公司所处行业来看，光伏产业作为清洁能源行业代表，现阶段虽然暂时处于产能过剩状况，但行业复苏迹象日趋明朗，国内外同行业整体业绩已稳步回升，并且光伏属于国家大力支持的战略新兴产业，在未来能源行业中将占据举足轻重地位。而进一步深挖超日公司陷入危机的根本原因，是其主营业务处于产业链低端的红海区、市场竞争太激烈，且其公司管理团队经营不善，过度海外扩张。项目负责人判断，如果能通过上下产业链的有效整合，则目前貌似危机实则正是重组契机，中国长城资产可以通过低价收购超日公司不良资产、遴选光伏龙头企业重组超日，实现新能源产业内一次产业整合，不断提高产业集中度，促进光伏行业的健康发展。

项目组经过认真研究，突破以往不良资产处置思路，充分发挥自身优势，结合不良资产收购及并购重组，从超日重整（保壳）及后续重组（资产装并）两个阶段出发，为超日系项目设计了"破产重整＋资产重组"整体实施方案。整体债权的受偿率从清算的 3.95% 提高到 20% 以上，"11 超日债"全额受偿，最大程度保护了债权人特别是中小债民的权益。

2. 遴选产业重组方，帮助企业经营性保壳

超日公司若要恢复上市，避免破产清算，须在 2014 年内重整成功，并实现扭亏为盈。这意味着重整工作有效时间至多半年，时间紧，任务重。因此，在重组方的选择上，项目组将目光锁定在了同行业的龙头企业。2013年年底到2014年年初，项目组拜访了多家光伏行业领头企业，最终选择了江苏协鑫能源有限公司（以下简称"江苏协鑫"）。经过与江苏协鑫深入沟通，双方携手拿出了一份认可度很高的破产重整方案。由协鑫集团牵头并联合8家投资人开展重整工作，重整后协鑫集团将成为控股股东，负责管理超日的生产经营，并提供部分偿债资金；其余8家财务投资者，主要为超日债务清偿、恢复生产经营提供资金支持。

3. 多方艰难谈判，推动重组方案顺利通过

重组方案出台后，说服债权人接受方案成为阻碍重整工作的另一道大坎。在重组过程中，由于涉及的利益方相当广泛，涵盖了地方政府、法院、券商、上市公司原股东、重组方、银行类和其他债权人、"11超日债"持有人等方方面面，协调异常困难。项目组一方面在债权人大会召开之前，迎难而上、主动出击，与债权人开展多轮协商沟通，以客观公正的角度对此次重组方案的实质进行了详细解读，反复阐明不能仅仅追求单独某一方利益最大化，而要求利益最优化。在现阶段超日公司已严重资不抵债的情况下，只有通过破产重整使其浴火重生，各利益方的诉求才有可能得以最优实现。同时多次向地方政府和监管部门沟通汇报请求支持，最终争取到了相当部分的赞成票；另一方面经总公司慎重研究，决定收购超日公司7.47亿元的非金融债权，进一步锁定重整计划的通过率。

经过项目组及相关方的共同努力，重组方案顺利通过并实施。2014年10月23日，债权人大会以69.89%比例的债权通过重组方案。2014年12月24日，法院裁定确认超日公司重整计划执行完毕，至此破产重整程序终结，超日公司生产经营情况稳定。

4. 推进资产重组，帮助企业获得可持续发展能力

在实现经营性保壳的同时，项目组还设计了通过后续资产注入提升超日公司未来的可持续经营能力，即向超日公司注入协鑫集团旗下的高效能组件资产和运维资产，致力于将超日公司打造成为轻资产、高技术、高附加值的系统集成服务商方案，为客户提供包括设计、采购、管理运维、项目融资在内的一揽子全方位光伏电站解决方案。该方案符合行业发展趋势，并于2015年12月5日获得证监会核准批复。

5. 深化业务合作，持续推动企业做优做强

自超日公司恢复上市以来，项目组始终与企业保持紧密联系，充分发挥中国长城资产综合金融服务优势，为企业提供银行信贷、金融租赁、信托融资、证券投行、产业基金等多样化金融工具，实施包括市值管理在内的资本运作，进一步提升企业的内涵价值，促进企业健康发展，持续提升企业内涵价值，帮助企业做优做强。

并购重组特色

作为影响最大、情况最复杂、历时最长的上市公司破产重组项目，超日项目的成功运作对于金融资产管理公司探索可持续发展业务模式、盘活存量资产、优化资源配置具有里程碑式意义。

一是体现了中国长城资产作为中央金融企业的责任意识和社会价值。中国长城资产通过妥善解决"11超日债"事件，保护了6000多户债券持有人权益，维护了社会稳定；帮助濒临破产的上市公司走出困境，恢复生产，重获可持续发展能力；推动了中国光伏行业资源的有效整合和产业升级，履行了化解金融风险的社会责任。

二是打响了中国长城资产并购重组业务品牌。中国长城资产经过多年探索，创新传统不良资产处置技术，逐步确立了"以不良资产债务重组切入企业的财务重组、资产重组、股权重组，乃至产业重组和行业重组"这一盈利模式清晰、盈利前景广阔的商业逻辑，通过此次超日项目的主动开发和创新运作，形成了"破产重整＋资产重组"这一针对问题企业的不良资产并购重组业务模式，为金融资产管理公司大力拓展并购重组业务、探索可持续发展业务模式起到良好示范效应。

三是彰显了中国长城资产协同作战和综合金融服务能力。超日项目是中国长城资产通过集团协同开展并购重组业务的经典案例，其中：上海办事处利用其区位优势、业务优势和人脉优势寻找并推荐超日项目，总部投资投行事业部作为"大投行"战略实施者，设计超日项目破产重整方案并推进后续进展；公司系统的上下联动和左右协同，保障了该项目的顺利推进。同时，超日项目综合运用了包括基金、银行、租赁、资管等的多种金融工具，采取了债权（金融及非金融）重组、股权重组、资产重组、产业重组等多种并购重组手段，充分展示了公司强大的综合金融服务能力。

案例点评

1. 该案例圆满地解决了国内首例公募债违约事件，维护了社会稳定。中国长城资产设计了以保障中小债权人为主、兼顾各方利益的债务偿付方案，创新了并购重组交易方式，成功化解了国内首单公募债务危机，保障了投资者权益，维护了社会稳定。

2. 推进了中国光伏行业整合，支持了产业升级。通过上海超日系项目的资产重组，中国长城资产帮助濒临破产的上市公司走出困境，恢复生产，复牌上市，并帮助提升超日公司未来的可持续经营能力，通过系统集成服务商方案和全方位光伏电站解决方案的有效实施，推进了中国光伏产业的有效整合，优化资源配置，支持光伏产业的转型升级。

3. 促进了不良资产并购重组业务模式的形成，推动了金融资产管理公司商业化转型发展。商业化转型以来，中国长城资产积极探索具有长城特色的业务模式和发展道路。超日项目的成功运作，标志着不良资产并购重组业务模式的形成。在"以资产资源为基础，以资金资本为纽带，以投资投行为手段，以人才技术为核心，以集团协同为依托"理念的指导下，中国长城资产创新开展的不良资产并购重组业务实现了对传统不良资产处置技术的革新，并逐步延伸到优势企业的并购重组业务中，形成能覆盖企业全生命周期的、全产业链的"RAIR"并购重组业务模式，有力促进了金融资产管理公司的商业化转型发展。

案例十八：乐视网入股 TCL 跨境交易

所获奖项

北京市金杜（深圳）律师事务所荣获 2016 年最佳并购律师奖。

并购概况

2015 年 12 月 11 日，乐视网信息技术（北京）股份有限公司（以下简称"乐视网"）控股子公司乐视致新与 TCL Multimedia Technology Holdings Limited（以下简称"TCL 多媒体"）签订了《股份认购协议》，乐视致新在香港设立的全资子公司致新投资作为认购方，以每股 6.50 元港币的价格认购 TCL 多媒体发行的 348 850 000 股普通股股份，标的股份占协议签署前一个交易日 TCL 多媒体已发行在外股份数的比例约 25.2%，标的股份在交割完成时占 TCL 多媒体全面摊薄后总股份数的比例不低于 20%，成为 TCL 多媒体的第二大股东。双方以股权关系为纽带达成业务深度合作，使乐视网在业务模式上得到扩充和补强，实现双方战略资源及业务机会的深层次合作。

并购特色

乐视网目前已成为唯一一家基于一云多屏构架、实现全终端覆盖的网络视频服务商，围绕用户建立起"平台 + 内容 + 终端 + 应用"的乐视生态模式，业务覆盖全产业链，实现内容资源、应用服务与用户之间的无缝衔接，为用户提供极致体验，并最终通过广告、用户付费及增值服务等多维度实现收益。

TCL 多媒体是全球最大的电视机生产及分销企业之一，其产品遍及全球各地，专业的技术和品牌得到了市场的广泛认可。

本次交易能够有效加强乐视生态的终端环节并快速扩充用户基础，同时也能够使公司进一步形成控股公司、参股公司协同发展的业务架构，提升提供一揽子解决方案的能力。在具体业务发展上，通过本次交易，乐视网能够充分利用 TCL 多媒体的产能优势补强生产环节，双方将探索各自营销渠道体系进一步打通的可行方式，进一步抢占电视终端市场，而乐视网也能够发挥内容及平台优势，增强 TCL 多媒体的用户体验，并与 TCL 多媒体在围绕优质的内容及垂直服务领域用户合作，扩大自身用户基础。

案例点评

北京市金杜（深圳）律师事务所在该项目中担任乐视网的中国法律顾问，全面参与交易结构和实施方案的设计和讨论、交易文件的修改和谈判，协助准备项目所需的中国境内相关政府审批或备案的相关文件等，针对复杂疑难的问题提出综合性、专业性、创新性的解决方案，为本次并购项目顺利完成起到了重要的推动作用。本次交易完成后，乐视携手 TCL 加速全球下一代生态电视时代的来临，全面推动行业商业模式创新升级，并深受各界瞩目和好评。金杜团队凭借其资本市场及并购领域的专业服务、精巧操作和创新能力，有效协调各方，深刻理解并把握本次交易的监管环境、战略需求、决策程序，将国际化的视角融入中国法律体系中，防范风险，创造价值，致力卓越。

案例十九：天山纺织、北京嘉林药业股份有限公司重大资产重组上市项目

所获奖项

申万宏源证券承销保荐有限责任公司洪涛荣获 2016 年最佳并购交易师奖。

并购概况

本次交易的整体方案由以下几项内容组成：①重大资产置换及出售。上市公司以截至评估基准日的全部资产与负债作为置出资产，其中置出资产中等值于79 875万元的部分与美林控股持有嘉林药业股权中的等值部分进行资产置换；置出资产剩余的部分直接出售给上市公司现有大股东，大股东向上市公司支付现金对价购买。②发行股份购买资产。置入资产超过置出资产中置换金额的差额部分，由天山纺织向嘉林药业全体股东发行股份购买。③股份转让。上市公司现有大股东向美林控股转让7 500万股上市公司股票，美林控股将其所持有的嘉林药业股权与上市公司进行资产置换取得的等值于79 875万元的置出资产直接指定由上市公司现有大股东或其指定的第三方承接，作为其受让股份的支付对价。本次交易同时募集配套资金。

并购特色

1. 该项目是截至目前国内 A 股上市公司单体规模最大的医药企业并购重组项目，不考虑配套募集资金规模，总交易金额高达 83.69 亿元。嘉林药业是国内规模最大的心血管降血脂制药企业，竞争对手是美国的辉瑞制药。

2. 该项目是第一家在重组上市过程中，对置出资产员工安排员工持股计划的项目，极具开创性地解决了客户需求，为新疆少数民族地区的民族

团结稳定、为包含少数民族员工在内的员工顺利安置提供了可靠的保障，成为市场上的第一案例。

3. 创新的结构化业绩补偿方案。该项目构成重组上市，按照证监会最新规定，嘉林药业全体股东均需参与上市公司进行业绩对赌，就未来实际实现的业绩与承诺的盈利预测的业绩之间的差额对上市公司进行股份补偿和现金补偿。专注医药行业的并购基金上海岳野，成为嘉林药业股东的时间较短（不足半年），且其角色主要为财务投资者，由于入股的成本较高，要求其与其他股东一同参与业绩对赌，尤其是同等程度地参加盈利补偿，存在较大难度，虽然证监会法规有强制性要求，但是如果简单地进行同等比例的盈利补偿不利于项目顺利推进。经多方协商沟通，财务顾问设计了创新的结构化业绩补偿方案：首先，对于嘉林药业股权高于上海岳野投资成本的增值部分，由上海岳野与包括嘉林药业大股东在内的所有其他股东一同参与业绩对赌，这种安排首先保证了在全体股东共享的股权增值部分实行同等的补偿待遇，体现了公平性；其次，若业绩补偿金额高于该部分增值金额，则由嘉林药业控股股东美林控股优先于上海岳野进行业绩补偿；最后，最极端的情况，美林控股所持上市公司股份不足补偿的，再由上海岳野以其所持上市公司股份进行补偿。该创新的结构化业绩补偿方案既充分考虑了上海岳野作为并购基金和财务投资人的角色定位，又让嘉林药业大股东美林控股感觉公平合理，取得了交易各方的迅速认可，很好地满足了监管要求。该补偿方式实际为分层的、按照先后顺序的结构化盈利补偿方案，真正体现了公平原则，系 A 股上市公司并购重组项目第一家。

4. 第一家标的公司控股股东所持股权存在夹层融资（含股权质押融资、收益权 100% 转让）的重组上市案例。该项目在推进过程中，控股股东美林控股所持有的嘉林药业股权存在夹层融资（含质押融资和对应股权的收益权 100% 转让）的情形，财务顾问要求质押权人出具承诺函，承诺在证监会核准本次交易后质押权人无条件、不可撤销地解除股权质押，同时该股权对应收益权 100% 转回。该解决方案取得监管部门的认可，成为第一家标的公司控股股东所持股权存在夹层融资（含质押融资和收益权

100%转让）的重组上市案例。

案例点评

　　嘉林药业是国内规模最大的心血管降血脂制药企业，竞争对手是美国的辉瑞制药。嘉林药业重组天山纺织上市项目作为截至目前国内A股上市公司单体规模最大的医药企业并购重组项目，不含配套募集资金的交易规模达到83.69亿元。自上市公司于2015年5月初停牌至2016年7月顺利取得中国证监会的核准，其间一波多折，并且最终成功经受住了2015年下半年开始A股市场非理性下跌的巨大冲击。在项目过程中，独立财务顾问申万宏源证券承销保荐有限责任公司充分发挥专业性及项目总协调人的角色，积极了解交易各方的利益诉求，平衡协调各方利益，并在交易方案设计时充分考虑，使得项目最终取得圆满成功。

案例二十：物美集团收购中国百安居

所获奖项

物美控股集团有限公司荣获 2016 年最佳并购交易奖。

并购概况

2014 年 12 月，物美控股集团有限公司与世界 500 强、欧洲家居建材第一品牌英国翠丰集团签订买卖协议，收购中国百安居控股权，总交易价格为 20 亿元人民币。物美集团收购中国百安居，把业态从大型超市、生活超市、便利店、百货商场、电器商城进一步延伸至家居建材商场，大大拓展了物美集团的业务边界，是其构筑多元化零售版图的里程碑。

并购效果

中国百安居长期处于亏损状态。英国翠丰集团在 2014 年年初宣布在中国寻找战略合作伙伴。物美集团优秀的运营能力，清晰的发展战略，跨文化的沟通管理能力，以及在中国流通行业的重要地位得到翠丰集团的充分认可。2015 年 6 月，物美集团正式接管中国百安居的经营管理后，充分发挥集团平台、资源及管理优势，主要依靠原有管理团队，重振团队士气，重新定义中国消费者的需求，全面拥抱互联网，进行商业模式的变革，实现"线上＋线下，产品＋服务"的模式创新，同时持续推进管理变革，提升管理效率。并购完成后首半年内遏制中国百安居业绩下滑趋势，一年内彻底实现扭亏为盈。

案例点评

并购交易完成并不意味着并购成功，真正的成功并购是实现企业价值的提升，消费者服务水平的提升，员工就业机会的稳定和增长，供应商业务规模的扩大。物美集团收购中国百安居，将一家具有优良品牌价值但长期低效率经营的全外资企业，改造为适应中国消费者、引领行业变革的创新企业，是一次回归商业本质，通过经营管理输出和资源整合使被收购企业摆脱困境、恢复增长、创造价值的成功案例。

附录一　中国并购公会简介

　　全联并购公会（中国并购公会）是经国务院批准、由民政部批复成立的非营利性民间行业协会。并购公会业务主管单位为全国工商联与社团登记管理机关民政部。并购公会设立于 2004 年 9 月，总部位于北京，在上海、江苏、福建、广东、山东、香港、贵州、浙江、辽宁、河南等地和日本、美国等国家设有分支机构。并购公会为国内外企业界和政府部门提供战略顾问、并购操作、管理咨询、资产评估、融资安排、法律及财务等投资银行服务，广泛联络各界精英，致力于推动中国并购市场的规范与成熟，促进中国企业的全球化进程。

宗旨

- 把握产业趋势，维护行业利益，协助国家经济成长与安全；
- 培育并购交易人才，完善并购交易规则；
- 坚持创新发展，成就全球并购。

组织机构

　　中国并购公会最高权力机构是会员大会。理事会是会员大会在闭会期间的执行机构，对会员大会负责并报告工作。理事会选举产生会长、副会长、常务理事。常务理事会选举产生轮值主席。监事会由会员大会选举产生。

中国并购公会分支机构

北京分会

会长：郑建彪　致同中国管理委员会委员、致同证券业务全国负责人

上海分会

会长：柳志伟　上海金融与法律研究院董事长

江苏分会

会长：黄飞建　南京航空航天大学金城学院董事长

福建分会

会长：陈欣慰　七匹狼控股集团股份有限公司执行总裁

广东分会

会长：周　蕊　北京金杜（深圳）律师事务所合伙人

山东分会

会长：杜　波　青建集团股份公司名誉董事长

香港中国并购公会

会长：胡章宏　建银国际（控股）有限公司董事长兼总裁

贵州分会

会长：吴道永　中天城投集团股份有限公司执行副总裁

浙江分会

会长：龚小林　万银资产管理有限公司董事长

辽宁分会

会长：张利群　中国先锋金融集团有限公司首席执行官

日本分会

会长：北尾吉孝　SBI 控股株式会社董事长兼 CEO

美国分会

会长：田　源　元明资本创始合伙人

专业委员会

中国并购公会下设 11 个专业委员会，是理事会领导下的专门工作机构。

并购法律委员会　主任：张晓森

负责与并购有关的法律、规则的研究，开展国际并购法律和规则的交流与合作，加强与相关立法和监管机构之间的沟通联系。

并购基金委员会　主任：尉立东

负责吸收并购基金及其管理机构、服务机构、投资机构为会员，为会员单位搭建相互交流、沟通、研讨、合作的平台，推动并购基金行业的规范发展，服务于并购企业与金融资本的有效对接。

并购标准委员会　主任：冯兵

负责研究并购行业标准，建立市场规范，编制技术规则，设立并组织评选并购相关奖项。

并购融资委员会　主任：张云岭

专注于并购融资领域的风险与防范。

并购估值与税务委员会　主任：佟子扬

专注税务制度优化研究和实务，负责开展并购交易估值、并购债评级的研究和实践。

国际委员会　主任：叶有明

负责吸收从事跨境并购业务的企业与机构为会员，开展中国与各国之间的跨境并购交易、交流与合作，推动公平、对等的跨境并购环境，促进跨境并购投资和资本的自由流动。

上市公司委员会　主任：于明礼

负责吸收上市公司为会员，促进上市公司的并购重组，关注上市公司并购中的治理和社会责任。

国有企业委员会　主任：雷建辉

负责吸收国有企业为会员，促进国有企业的并购重组，关注国有企业并购绩效管理和效率。

并购维权委员会　主任：陈若剑

负责维护并购行业的共同执业权益，争取并购行业的优惠政策，依法维护本会会员的合法权益。组织专业提案工作。

并购交易师培训与认证中心　秘书长：李祥军

负责并购交易师管理的唯一官方机构，负责并购交易师的相关培训及考试工作。

并购交易仲裁中心　主任：费国平

负责根据并购企业的要求及时提供客观评判和仲裁意见，以维护企业的正当合法权益。

中国并购公会第四届理事会（2016 年 11 月）

荣誉会长

刘　吉　全球并购研究中心理事会主席

朱　利　中国银河证券股份有限公司名誉董事长

创始会长

王　巍　万盟并购集团董事长

顾问

刘红路　中国社会科学院民营经济研究中心总干事

王　瑷　全国工商联原副秘书长兼会员部部长

会长

尉立东　尚融资本管理有限公司管理合伙人、总裁

轮值主席兼副会长

陈　爽　中国光大控股有限公司执行董事兼首席执行官

副会长

谢佳扬　安永大中华战略与发展主管合伙人

李祥军　中勤万信会计师事务所有限公司执行董事、高级合伙人

熊　焰　国富资本董事长

程　亮　海西置业（厦门）集团有限公司总裁

张士学　中国长城资产管理股份有限公司董事会秘书、策划总监兼引战上市办公室主任

孙　杰　德勤中国客户、行业与市场战略合伙人

于明礼　招商证券服务有限公司投资银行部董事总经理、北京办事处主任

监事长

葛　明　中国平安集团独立董事

首席经济学家

夏　斌　　国务院参事、国务院发展研究中心金融研究所名誉所长

常务理事

王东明　　中信证券股份有限公司原董事长

费国平　　国浩律师集团合伙人

李　肃　　和君创业管理咨询有限公司总裁

汤世生　　北京中科软件有限公司董事长

权忠光　　中企华资产评估有限责任公司董事长

谢思敏　　北京市信利律师事务所高级合伙人

冯　戎　　申万宏源集团股份有限公司副董事长

王少华　　中诚信托有限责任公司原董事长

林怡仲　　普华永道中国主管合伙人

张晓森　　北京市中咨律师事务所高级合伙人

郑建彪　　致同中国管理委员会委员、致同证券业务全国负责人

冯　兵　　美国 HomeLegend 首席执行官

崔炳文　　上海浦东发展银行副行长

李广海　　埃森哲（中国）有限公司董事总经理

叶有明　　侨丹投资咨询（中国）有限公司总裁

傅继军　　中华财务咨询有限公司董事长

北尾吉孝　　SBI 控股株式会社董事长兼 CEO

张云岭　　万盟并购集团执行董事

柳志伟　　上海金融与法律研究院董事长

陈东升　　泰康人寿保险股份有限公司董事长兼 CEO

朱新礼　　中国汇源果汁集团有限公司董事长

甘连舫　　北京星牌体育用品集团有限责任公司董事长兼总裁

田　源　　元明资本创始合伙人

张文浩　　长甲资本管理（香港）有限公司总裁

姚志勇　　华英证券有限责任公司董事长

韩国贺　盼盼安居门业有限责任公司董事长兼总经理

黄飞建　南京航空航天大学金城学院董事长

马卫国　深圳市同创伟业创业投资有限公司董事总经理、合伙人

李海鹰　河南辉煌科技股份有限公司董事长

毛振华　中国诚信信用管理有限公司董事长周海江 红豆集团党委书记、总裁

周海江　红豆集团总裁

刘　欣　国泰君安证券股份有限公司原副总裁

吕镇冰　MERRYTIME CAPITAL（HONG KONG）LIMITED 董事长

林向红　苏州工业园区元禾重元股权投资基金管理有限公司原董事长

杜　波　青建集团股份公司名誉董事长

李金鸿　贝克·麦坚时律师事务所主席、合伙人

张家跃　深圳前海红豆杉产业资本管理有限公司董事长

王宏麟　重庆和融金遂投资有限公司常务副董事长、总裁

龚小林　万银资产管理有限公司董事长

吴道永　中天城投集团股份有限公司执行副总裁

陈十游　中金佳成投资管理有限公司董事长

张　伟　中科创金融控股集团有限公司董事局主席

佟子扬　毕马威企业咨询（中国）有限公司北京分公司合伙人

陈若剑　段和段（北京）律师事务所合伙人

温嘉明　香港梁温律师事务所主任律师

周　蕊　北京市金杜（深圳）律师事务所合伙人

曾昌飚　沈阳中旭置业投资集团董事长

陈欣慰　七匹狼控股集团股份有限公司执行总裁

张利群　中国先锋金融集团有限公司 CEO

韩家乐　北京德恒有限责任公司总经理

安红军　上海君和同信股权投资管理有限公司董事长

宣瑞国　中国自动化集团有限公司董事长

姜　明　天明集团创始人兼董事长

菅明军　中原证券董事长兼执行董事

余竹云　安徽中环投资集团公司董事长

理事

张　克　信永中和会计师事务所董事长

张宏久　竞天公诚律师事务所执行合伙人

沈　琦　中联资产评估集团有限公司董事长

温嘉旋　镒源资本有限公司董事长

石铁军　君合律师事务所合伙人

吕红兵　国浩律师（上海）事务所首席执行合伙人

蒋尚义　香港蒋尚义律师行合伙人

田溯宁　宽带资本董事长

蔡　咏　国元证券股份有限公司董事长

贝彼德　银砾合伙人有限公司董事长

黄齐元　蓝涛亚洲有限公司总裁、台湾并购与私募股权协会创会理事长

周华龙　东和昌集团总裁

姜山赫　北京市铭泰律师事务所主任

赵向青　江苏普华力拓电器股份有限公司董事长

洪　涛　申万宏源证券有限公司并购私募融资部总经理

范国辉　渥美坂井律师事务所·外国法共同事业国际并购业务部合伙人律师

黄富成　普华永道合伙人

盛　溢　亚洲商学院副院长

惠　宣　深圳智又盈投资顾问有限公司董事长

彭作豪　深圳市朗阔投资有限公司董事长

匡双礼　北京圣大律师事务所主任律师

任金春　北京智德盛投资顾问有限公司总经理

王绍东　中国明石投资管理集团有限公司总裁

柯希杰　厦门恒兴集团有限公司副总裁

周永伟　福建七匹狼集团有限公司董事局主席

王国珍　福建海天轻纺有限公司总经理

提瑞婷　北京华信破产清算服务有限公司董事长

毛凤丽　丰利财富（北京）国际资本管理有限公司董事长

鲍　钺　硅谷天堂资产管理集团股份有限公司董事总经理

滕海波　山东山孚集团有限公司董事长

丁　杰　天职国际会计师事务所（特殊普通合伙）并购融资合伙人

蔡　虹　深圳市永乐投资有限公司董事长

乐　融　融博融置业（集团）有限公司董事长

吴先红　渝乐投资控股股份有限公司董事长

黄国宏　贵阳朗玛信息技术股份有限公司总裁

闻掌华　美都能源股份有限公司董事长

章靖忠　浙江天册律师事务所主任

翁胜伟　浙江省浙商资产管理有限公司财务总监、副总裁

王　媖　诚浩证券有限责任公司总经理

陈福刚　中国华融资产管理股份有限公司辽宁省分公司总经理

张　庆　中国民生银行股份有限公司沈阳分行行长

崔进才　长安国际信托股份有限公司总裁

敦鸿勋　中原资产有限公司董事长、党委书记

王天宇　郑州银行党委书记、董事长

监事会

监事长　葛　明　中国平安集团独立董事

监　事　徐　模　中共厦门市委原常委、秘书长

监　事　渔　童　中国金融博物馆（集团）馆长

联络方式

北京总部

地址：北京市朝阳区东方东路 19 号院 5 号楼亮马桥外交办公大楼 D1 座 23 层

邮编：100600

电话：010 – 65171198

传真：010 – 67018885

E – mail：cmaa@ mergers – china. com

网址：http：//www. ma – china. com

新浪微博：@ 并购公会

        http：//e. weibo. com/cmaa

公众微信号：cmaa2012

中国并购公会与全球并购研究中心联手向并购业界长期奉献

● 政策建议与制定。每年均提交两会提案，并积极参与国家并购规章和政策的建议、修改、制定和推广。

● 中国并购年会。连续主办十三届，业已成为中国并购业界和金融界的权威盛会。

● 十大并购评选。评选将并购风云人物和并购焦点事件全部网罗其中，现已成为知名活动品牌。

● 中国并购专项奖。展示中国并购的中坚力量和最高水平，推动中国并购的规范与成熟。

● 并购俱乐部。在北京、上海、东北、福建、浙江以及美国、日本设有并购俱乐部，有效促进当地业界交流与合作。

● 并购刊物。编辑并出版《中国并购报告》、《中国产业地图》、《并购公会十年》、《2015 产业整合的中国动力》（中日文）、《中国并购行业准则》。

● 并购研究。以公会下设各专业委员会为基础，对并购热点、行业趋势等提供解决方案和分析报告。

●并购数据。依托全球并购研究中心、中国并购交易网、中国资本交易数据库，拥有权威并购数据。

●业界联盟。通过与中国股权投资基金协会、中国企业家论坛等建立合作联盟，具备广泛业界资源。

●国际合作。与 OECD、ACG、AM&AA 等十余家国际组织有着密切合作，并牵头发起成立亚洲并购协会。

附录二 并购交易师简介

并购交易师

并购交易师（Certified M&A Dealmaker）由中国并购公会和并购博物馆共同颁发证书，是面向金融、企业和相关专业人士的市场化资格认证。申请人须践行并购交易职业操守并具有相关专业能力及知识体系，通过统一考试、推荐及相关资格审核后取得认证资格。2016 年中国并购公会与韩国并购协会签署备忘，实现双方并购交易师资格互认。截至 2017 年 6 月，全球已有超过 2 万人申请并购交易师资格认证，共有 4 000 余人通过审核。其中，中国内地 3 000 余人，韩国、日本、美国和意大利以及中国台湾、中国香港等地近 1 000 人。

并购交易师培训与认证中心

并购交易师培训与认证中心成立于 2014 年 8 月，是经中国并购公会及并购博物馆批准设立的、负责并购交易师管理的唯一官方机构，在全国各地及海外设有多个分支培训中心负责并购交易师的相关培训及考试工作。

专家简介：

主　席： 王巍　中国并购公会创始会长

副主席： 谢佳扬　中国并购公会副会长

副主席兼秘书长： 李祥军　中国并购公会副会长

副秘书长： 常　芳　中国并购公会副秘书长

尹　平　并购交易师培训与认证中心

专家组（按姓氏拼音排序）：

龚小林　万银资产管理公司董事长

高　新　中国金融博物馆财务总监

韩汾泉　招商证券投资银行总部并购部总经理

洪　涛　申万宏源并购私募融资部总经理

黄齐元　蓝涛亚洲有限公司总裁

李广海　埃森哲（中国）董事总经理

李剑楠　中国金融博物馆理事长助理

刘登清　中企华资产评估公司总裁

孙　平　中咨律师事务所律师

温嘉明　香港梁温律师事务所主任律师

赵向青　普华力拓电器股份公司董事长

为什么要成为并购交易师？

并购交易师群体汇聚创业者、投资人、企业家、政界与学界活跃人士。取得并购交易师认证后，将享有以下专属权益：

1. 确立行业地位，专业能力得到广泛认知；

2. 优惠参加中国并购公会各种论坛、沙龙、培训等活动，进入专业社区；

3. 自动成为当年中国并购公会会员，享受相应权益；

4. 参与中国并购公会和并购博物馆创立的相关专业机构与志愿者群体；

5. 进入并购行业人力资源数据库和项目信息数据库；

6. 参与并购嘉年华；

7. 免费获得"今日并购"等并购咨询与分析；

8. 参选最佳并购交易师，进入并购交易师名人录。

并购交易师的分级与相关认证条件

证书等级	申请条件（以下条件须全部满足）
初级 （考试申请）	1. 本科及以上学历（含在读）； 2. 参加并通过并购交易师全国统一考试
并购交易师 （培训申请）	1. 本科及以上学历； 2. 5年以上并购相关工作经验； 3. 参加培训并通过结业考试； 4. 通过并购交易师培训与认证中心专家组认证
高级 （培训申请）	1. 本科及以上学历； 2. 10年以上并购相关工作经验； 3. 已取得中级并购交易师证书； 4. 申请当年并购案总额超过10亿元人民币； 5. 参加高级证书培训并通过结业考试； 6. 通过并购交易师培训与认证中心专家组认证

以下人员可免培训申请中级并购交易师：

• 经并购交易师培训与认证中心特别核准的业界资深人士；

• 入选历年中国十大并购人物或并购博物馆名人堂的企业家领袖；

• 入选历年中国并购公会颁发的并购专项奖的专业人士；

• 一位高级并购交易师或三位中级并购交易师推荐的人士；

• 已取得初级并购交易师证书并提交5年并购从业经验证明，且通过并购交易师培训与认证中心专家组认证的人士。

并购嘉年华

并购嘉年华（以下简称"嘉年华"），是由中国并购公会和并购博物馆联合主办，以资本和并购项目对接为核心的一场金融盛会。

首期嘉年华由上海市金融服务办公室、上海互联网金融协会和上海市政府联合支持。并购嘉年华活动精选了来自境金融科技、PPP投资、TMT、医药健康、物联网等行业的 100 余个优质项目，汇聚了来自全球的一线并购从业者——并购交易师。

并购嘉年华将通过前沿论坛、项目路演、资本对接与并购交易师颁奖等环节为与会者提供投融资机会，促进并购市场的资源整合，力争打造成亚太地区最具影响力的产业与资本对接平台。

并购交易师发展历程

2014 年 8 月 8 日，并购交易师培训与认证中心首次工作会议在京召开。

2014 年 9 月 30 日，在第 10 届中国并购年会上，刘吉、朱利、王巍、王东明等百余人荣膺首批"并购交易师"认证。

2015 年 1 月 12 日，第二批并购交易师 500 余人通过审核并获得证书。

2015 年 4 月 10 日，第三批并购交易师认证审核工作正式启动。

2015 年 7 月 16 日，首期"并购交易师大讲堂"活动在国际金融博物馆成功举办，北京注册会计师协会、北京资产评估协会等十家机构被授予"并购交易师合作机构"称号。

2015 年 11 月 5 日，在第 11 届中国并购年会上并购交易师获得中国并购专项奖——并购推广奖。

2016 年 1 月 22 日，并购交易师迎春联谊会在京举办，百余名并购交易师参加。

2016 年 2 月 25 日，并购交易师培训与认证中心与中国上市公司协会达成战略合作意向。

2016 年上半年，并购交易师培训与认证中心在北京、上海、杭州、深圳等地成功举办了多场并购交易实战培训。

2016 年 7 月 21 日，由并购交易师培训与认证中心与北京注册会计师协会联合举办的并购交易师大讲堂之"企业并购后的整合"在北京成功举办。本期课程首次通过"蓝筹"进行网络直播，共有 3 000 余人同时在线观看。

2016 年 8 月 17 日，并购交易师培训与认证中心与中国金融博物馆达成战略合作，将在上海、北京、天津、苏州、沈阳、广州、武汉等地陆续建立并购交易师培训中心。

2016 年 11 月，《并购交易师》（并购交易师教材）正式出版。

2017 年，并购交易师施行全国统一考试。

最佳并购交易师评选

中国并购公会与并购博物馆联合推出"最佳并购交易师"评选活动，每年举办一次，遴选本年度在并购行业做出卓越贡献的并购交易师。评选采用自荐和推荐的报名方式，由并购交易师培训与认证中心审核并推荐参选。颁奖典礼于每年的并购年会上举行。

并购交易师诚招全球合作伙伴

并购交易师培训与认证中心诚恳邀请各地合作伙伴，建立当地培训代理网点，共同推动中国并购市场的规范发展。

合作伙伴的基本条件：

- 具有合法营业执照和税务登记记录的正规注册公司；
- 具有三年以上金融相关培训经验；
- 具有三人以上专业运作团队；
- 积累丰富培训资源，如讲师资源、教室资源、招生资源等；
- 熟悉当地市场并具有良好的市场开发能力。

部分并购交易师名单（排名不分先后）
第一批 10 位代表：

1. 刘　吉　中欧国际工商学院名誉院长

2. 朱　利　银河证券名誉董事长

3. 王　巍　万盟并购集团董事长

4. 葛　明　安永华明会计师事务所原董事长

5. 王东明　中信证券董事长

6. 费国平　国浩律师事务所合伙人

7. 谢佳扬　安永大中华战略与发展主管合伙人

8. 熊　焰　国富资本董事长

9. 宫少林　招商证券董事长

10. 卢伯卿　德勤中国首席合伙人

第二批 10 位代表：

1. 索莉晖　高盛高华证券董事总经理

2. 卢　林　国浩律师（深圳）事务所合伙人

3. 刘登清　中企华资产评估公司总裁

4. 李　刚　埃森哲（中国）大中华区主席

5. 李艳丽　中伦律师事务所合伙人

6. 安红军　上海城投控股董事长

7. 陈尖武　东旭金融控股集团总裁

8. 刘　萍　财政部国库司巡视员

9. 黄日灿（台湾）　众达国际法律事务所主持律师

10. 郭志成（香港）　国信会计师事务所董事长

第三批 10 位代表：

1. 谢炯全（香港）　宏易资本集团合伙人

2. 方艳玲（台湾）　毕马威（台湾）副董事长

3. 徐东旭（韩国）　韩国企业品牌司副司长

4. Phongordete Tratit（泰国）　PhoenixBarrister（Thailand）合伙人

5. 李怀利　智信（中国）执行董事

6. 刘　蕾　建行总行投行部并购融资处处长

7. 杨　栋　摩根士丹利副总裁

8. 张　健　财通证券并购融资部董事总经理

9. 门　熹　毕马威中国合伙人

10. 余承志　国浩律师事务所合伙人

联系我们

地址：北京市朝阳区朝阳公园东五门内国际金融博物馆

联系人：尚老师

垂询热线：+86（0）10 5360 8996／6598 9891

邮箱：sjt@ certifieddealmaker. org

附录三　并购博物馆简介

　　并购博物馆是全球第一家并购主题博物馆，也是中国金融博物馆开设的第五家金融主题博物馆。并购博物馆坐落于上海并购金融集聚区，于2015年11月4日开业，展示面积2 600平方米，累计接待访客三万余人，先后有刘明康、刘吉、屠光绍、阎庆民、苏宁、蔡鄂生、魏迎宁、许善达、金琦、朱民、郑杨、廖岷、施小琳、程向民、周伟强、郑跃文、凌涛、王喆、万建华等各界嘉宾到访。

　　并购博物馆开设"并购的来龙去脉"、"并购改变社会"、"中国并购的里程碑"、"苏州河畔金融史"和"中国并购的未来"等专题展厅，展示产业重组、并购技术与金融创新的风云变化，让参观者现场感受金融对生活的影响、理解并购带来的颠覆力量。常规展览外，博物馆还推出如：全国巡展"社会集资那些事—风险与法治"展、"钱"来了艺术作品展等特色主题展览，搭建金融与艺术之间互融互通的桥梁。

　　并购博物馆发挥自身的优势定期举办系列主题公益活动，如"江湖洞悉天下沙龙"、"博物馆下午茶"、"金融大讲堂"等，是大众进行金融分享与交流的重要平台。并购博物馆致力于打造金融启蒙教育培训和并购金融交易的双向联动平台，并购交易师培训中心挂牌、并购鸣钟典礼等重要活动得到了社会各界的热烈反响。为顺应信息时代，博物馆结合线上互动和实时播放，紧跟实体经济热点，邀请各界重磅嘉宾，期望为大众打造集互动型、创新型、生活化的金融启蒙与金融普惠公益平台。